Verschwundenes Waldviertel

János Kalmár, Reinhard Linke, Christoph Mayer

Verschwundenes Waldviertel

Über Greißler und Wirtshäuser, Textilfabriken und Mühlen, Kinos und Bahnhöfe sowie Grenzen, die es nicht mehr gibt

W-H EDITION WINKLER-HERMADEN

Das Titelbild zeigt die Anderlfabrik nahe Kleedorf bei Schrems.

Bild Seite 6: Die ehemalige Möbelfabrik Bobbin war in den 1970er-Jahren mit 450 Beschäftigten der größte Arbeitgeber in der Stadt Gmünd.

Aus Gründen der leichteren Lesbarkeit wird in dieser Publikation auf die gleichzeitige Verwendung männlicher und weiblicher Sprachformen verzichtet.
Sämtliche Personenbezeichnungen gelten für beide Geschlechter.

© 5. Auflage 2026

Hauptstraße 37, A-2123 Schleinbach
info@edition-wh.at
www.edition-wh.at
Gedruckt in der EU bei Finidr s.r.o.
ISBN 978-3-9504720-7-3

Inhalt

Vorwort

Das Waldviertel ist wunderschön. Das Viertel ober dem Manhartsberg, wie es früher genannt wurde, umfasst den nordwestlichen Teil des Bundeslandes Niederösterreich. Im Wesentlichen sind dies die Bezirke Gmünd, Horn, Waidhofen an der Thaya und Zwettl sowie Teile der Bezirke Melk, Hollabrunn und Krems. Geografisch gesehen bildet im Süden die Donau die Grenze zum Mostviertel.

Rund 220.000 Einwohner in 99 Gemeinden nennen das Waldviertel ihre Heimat. Obwohl die Region als strukturschwach gilt, muss schon zu Beginn das Bild des Mystischen und Geheimnisvollen widerlegt werden. Gewiss gibt es genug Plätze solcher Art in diesem Landesviertel, doch das ist längst nicht alles. Ist das Thema Abwanderung in den Medien präsent, muss meist das Waldviertel als Beispiel herhalten. Seit einigen Jahren weist die Region jedoch eine positive Wanderungsbilanz auf, schrumpft allerdings dennoch wegen der demografischen Entwicklung.

Dieses Buch entführt den Leser in eine frühere Zeit. Aufgrund des Strukturwandels gab es nicht nur demografische, sondern ebenso wirtschaftliche und industrielle Veränderungen. Von der einst so stolzen Textilindustrie – das Waldviertel galt als Zentrum in ganz Europa – blieb nur wenig übrig. Heute erinnern vor allem Industrieruinen und leer stehende Firmengebäude an diese – für Unternehmer – bessere Zeit.

Jahrzehntelang lag das Waldviertel an einer „toten" Grenze, wurde durch den „Eisernen Vorhang" von seinem Nachbarland hermetisch abgeriegelt, Begegnungen gab es kaum. Das Jahr 1989 ging in die Geschichte ein, mit der Öffnung der Grenzen rückte die Region plötzlich ins Zentrum von Mitteleuropa und unterhält heute eine lebendige Beziehung zur Tschechischen Republik.

Nicht alles, was verschwindet, hat also negative Folgen. Auswirkungen betreffen vor allem die Infrastruktur und das Dorfleben. Wenn der letzte Wirt im Ort sein Gasthaus zusperrt, wanken oft das soziale Gefüge und der Zusammenhalt. Geschlossene Geschäfte und Kaffeehäuser werden manchmal durch Neueröffnungen ersetzt – dabei handelt es sich aber um Ausnahmen der Regel.

Wer mit offenen Augen durch das Waldviertel geht, findet viele verlassene und verschwundene Kaffee- und Wirtshäuser, Geschäfte, Gewerbebetriebe, Kinos, Wohn- und Bauernhäuser. Es sind dies Zeichen des Strukturwandels, Dokumente der Zeitgeschichte, denen auf ihre ganz eigene Art auch eine gewisse Schönheit innewohnt.

János Kalmár, Reinhard Linke, Christoph Mayer

„Ich mag nicht im Büro sitzen, sondern will bei meinen Gästen sein!"

Eigentlich ist es ja fast nicht zu glauben. Sieht man sich die Statistiken der Wirtschaftskammer Niederösterreich zu den aktiven Betriebsstandorten im Gastronomiesektor in den Bezirken Gmünd, Horn und Waidhofen an der Thaya an und vergleicht diese mit früheren Zahlen, fällt eines sofort ins Auge: Es gibt kaum eine Veränderung. Quer durch die Waldviertler Bezirke ist das Bild gleich. Im Jahr 2018 sind nahezu gleich viele Gastronomiestandorte angeführt wie 1977, im ersten Jahr der Aufzeichnungen. Sind die Berichte über das Gasthäusersterben und die Schwierigkeiten in der Branche also nur eine Mär? Mitnichten, wie Doris Schreiber, Obmann-Stellvertreterin der Fachgruppe Gastronomie in der Wirtschaftskammer und mit der „Waldschenke" in Langschwarza selbst bereits jahrzehntelang erfolgreiche Unternehmerin, aufklärt. „Uns wurde vor vielen Jahren ein großes Paket auferlegt", so die Gastronomin. „Die Bürokratie hinsichtlich Aufzeichnungen, Allergenen und zuletzt das Rauchergesetz machen es nicht leichter." Auch für sie selbst habe sich der Beruf verändert: „Seit ich laufen kann, bin ich in der Gastronomie. Es war und ist schön, aber heutzutage ist es anders, es ist schwieriger geworden. Ohne Liebe zum Beruf kannst du kein Wirt sein, aber ich mag nicht im Büro sitzen, sondern will bei meinen Gästen sein."

In den letzten Jahren sind einige Generationenwechsel in der Branche angestanden. „Die Hürden haben viele Junge abgeschreckt, den Betrieb zu übernehmen", so Schreiber. Daher sei es zu einer Art natürlicher Selektion gekommen. Heute gebe es jedoch wieder mehr Jugendliche, „die sich drübertrauen", ein Kommen und Gehen also. Während kleine Dorfwirtshäuser oftmals mit dem Überleben kämpfen, sind andere Wirte so erfolgreich wie nie. „Viele haben sich Gedanken gemacht und sind jetzt sehr gut besucht", so Schreiber, die aber auch von einem anderen Problem berichtet: dem Fachkräftemangel. Die Menschen schätzen eine gute Küche wieder mehr und gehen vermehrt essen. Die romantische Vorstellung vom Waldviertel ist ein weiterer Erfolgsfaktor. „Wir haben eine Wahnsinnsgegend und viele, auch internationale Gäste. Die Kapazität ist da, und die Leute sind da. Jetzt werden wir aber überrannt, weil es zu wenig qualifiziertes Personal gibt." In der „Waldschenke" ist es nicht mehr so einfach, einen Tisch zu bekommen, immer wieder müsse sie Gästen absagen. Die Lehre sei ein wichtiges Thema, um die Gastronomie wieder beliebter zu machen, die Branche müsse wieder mehr geschätzt werden.

Die Diskothek Löffler in Eisgarn – ein Erfolgsmodell ihrer Zeit

Dabei war das Waldviertel schon immer ein guter Platz für die Gastronomie. Als Ludwig Löffler 1964 das Gasthaus seiner Mutter in Eisgarn übernahm, stellten vor allem die Arbeiter in den florierenden Textilbetrieben der Nachbarstädte die Lebensgrundlage dar. Bekannt wurde Löffler aber für die dazugehörige Diskothek. Ein Schulkollege brachte von seinen Auslandsreisen die Idee des DJs nach Eisgarn mit – nach einer Pilotphase entwickelte sich der Ort zu einem der beliebtesten Treffpunkte im Waldviertel. Ende der 1990er-Jahre erlebte die Disco einen letzten Boom: Durch die Ausweitung auf heute übliche Showprogramme stieg nicht nur die Zahl der Gäste – oft bis zu 1000 Personen –, sondern ebenso der Öffnungstage. Die Lärmentwicklung führte allerdings zu vermehrten Beschwerden der Anrainer. Als die Behörde das Lokal für nur mehr 220 Besucher genehmigte und weitere Umbauarbeiten notwendig gewesen wären, war für die Diskothek in Eisgarn im September 1992 Schluss. Ludwig Löffler blieb der Gastronomie jedoch treu, eröffnete 1993 sein Stadt-Pub in Waidhofen an der Thaya, das heute von seinem Enkel geführt wird, sowie 1995 und 1997 weitere Lokale in Zwettl und Krems.

Johann Gramanitsch und „Jokel" – legendär in Waidhofen an der Thaya und weit darüber hinaus

In den 1960er-Jahren begann auch der Aufstieg von Johann Gramanitsch. In seinem Lokal mit orientalischer Atmosphäre in der heute sogenannten Gramanitsch-Kurve in Waidhofen an der Thaya, das er von seinem Vater übernommen hatte, stellte er lebende Reptilien aus. In einem ORF-Beitrag meinte der heute 83-jährige Gramanitsch: „Das hat sich schnell herumgesprochen, aber irgendwann hatte ich mehr Gäste im Wohnzimmer als im Lokal." Daher übersiedelten die Tiere aus der Wohnung in die Bar und schlugen voll ein. Gramanitsch und seine Gaststätte waren in deutschsprachigen Medien weit über die Grenze omnipräsent, das Lokal stets gut gefüllt. Aus den acht Krokodilen im Jahr 1966 wurden bis zum Ende 15, die sich mit 30 Schlangen und einem Affen den Platz teilten. Aber nicht nur der Gastronomiebetrieb war etwas Besonderes, sondern vor allem der Besitzer selbst: Er ging mit seinen Tieren, allen voran dem Krokodil „Jokel", durch die Stadt spazieren und regelmäßig in den Teichen des Waldviertels baden. Ende der 1980er-Jahre wurde das Halteverbot von gefährlichen Tieren zunächst in Wien, dann in Niederösterreich eingeführt. 1993 verkaufte Gramanitsch sein legendäres Lokal.

Das Wirtshaus als Treffpunkt

Dass es in Zukunft neue Formen der Event-Gastronomie braucht, um diese stärker zu beleben, glaubt Doris Schreiber nicht: „Nicht die Form, sondern das Gespräch wird wieder wichtiger sein. Die Leute wollen in ruhiger Atmosphäre miteinander reden, das zieht sich über alle Altersklassen." Die Besucher würden wieder mehr Wert auf Qualität und Herkunft legen. Die Zeiten, als den Autoren dieser Zeilen in einem Lokal als vegetarisches Tages-Menü der Backhendlstreifensalat mit den Worten „Was willst'n, ist doch eh ein Salat!" angeboten wurde, sind vorbei. „Vegan, vegetarisch – das gehört natürlich alles dazu. Gute Wirtshäuser sind auch im Waldviertel immer voll. Die Region könnte noch einige brauchen, aber mit dem vorhandenen Personal ist das nicht abdeckbar", so Schreiber.

Ein Hotel, dem sogar ein Buch gewidmet wurde

Laut Statistik ist die Anzahl der Hotelleriebetriebe im Waldviertel in den letzten 40 Jahren leicht rückläufig. Aber auch hier hat man sich gut aufgestellt und punktet nicht nur mit den vielen Gesundheitsbetrieben, sondern ebenso mit in den letzten Jahrzehnten neu entstandenen Unternehmen wie dem Hotel Sole-Felsen-Bad in Gmünd. Ob diesem in ferner Zukunft einmal ein Buch gewidmet wird, ist noch nicht abzusehen. So geschehen aber beim legendären Hotel Eder, das bis 1999 am Hauptplatz 25 in Waidhofen an der Thaya geführt wurde. Herbert Höpfl, Johann Kargl, Ewald Polacek und Franz Wieczorek sammelten dafür viele G'schichtln sowie Anekdoten, die heute noch regelmäßig im Theater an der Mauer vorgetragen werden. Die Fassade des ehemaligen Hotels ist noch heute erhalten, die Nachnutzung wurde sichergestellt: 2012 eröffnete am selben Standort das Stadthotel Waidhofen an der Thaya.

Rechts: Mit dem Einzug der großen Supermarktketten an den Stadträndern gerieten Nahversorger im Stadtzentrum wie die Fleischerei und der Gasthof Korherr in Raabs an der Thaya unter Druck.

Fleischerei KORHERR Gasthof
8
SPAR
Eingang zur Fleischerei

Oben: Am Stadtplatz in Heidenreichstein ist der ehemalige Gasthof Schindl noch heute optisch präsent.

Unten: Das Kultlokal im Waldviertel schlechthin. Die Kroko-Bar von Johann Gramanitsch in Waidhofen an der Thaya war weit über die Bezirksgrenzen hinweg bekannt. Der Lokalbesitzer ging mit seinen im Lokal lebenden Riesenschlangen und Krokodilen sogar in den Teichen der Nachbarorte schwimmen.

Oben: Seit mittlerweile zehn Jahren ist der Gasthof Köchl in Grainbrunn (Gemeinde Sallingberg) geschlossen, obwohl der Ort mit seiner Wallfahrtskirche für manche Wanderer eine Attraktion bietet.

Unten: In der ehemaligen Schlosstaverne in Ottenschlag konnte nicht nur gespeist, sondern auch übernachtet werden. Zu Jahresbeginn 2020 wurde das 1000 Quadratmeter große Objekt um 320.000 Euro angeboten.

Links: Auch religiöse Motive und Aufschriften haben nicht immer die erwünschte Wirtschaftlichkeit gebracht, wie man hier beim ehemaligen Gasthof „Zum weißen Lamm" in Eggenburg sieht.

Rechts: In Horn erinnert der frühere Gasthof „Zum weißen Rössel" an im 19. Jahrhundert wichtige Rast- und Labstationen auf langen Reisen.

GASTHOF ZUM WEISSEN RÖSSEL

Nur mehr die Aufschriften an den Hausfassaden erinnern daran, dass es hier in Weitra (oben) und Zwettl (unten) noch mehr Gastronomiebetriebe gab.

Streift man aufmerksam und mit offenen Augen durch das Waldviertel, können Geschichten aus früheren Zeiten erahnt werden. In Eggenburg (oben) und Zwettl (unten) sind auf vielen Häusern noch zahlreiche Details der ehemaligen Geschäftstätigkeit zu erkennen.

RESTAURANT
CAFE

Links: Selbst Betriebsstandorte in Bezirkshauptstädten sind keine Garantie für wirtschaftlichen Erfolg. Trotz der zentralen Lage in Gmünd musste dieses Cafe-Restaurant zusperren.

Rechts: In früheren Jahrzehnten wurde viel Wert auf Details gelegt. Reste davon sind noch heute in Altenburg (oben), Hirschbach (links unten) und Waidhofen an der Thaya (rechts unten) zu sehen.

Links oben: Während die Gäste früher beim Kaffeetrinken das rege Treiben in Weitra beobachteten, kann man heute nicht einmal mehr ins Lokalinnere blicken.

Links unten: Die Auslage des ehemaligen Caffee Central in Raabs an der Thaya dient heute einem Reiseunternehmen als Werbefläche.

Rechts: Kurze überregionale Berühmtheit nach der Schließung erlangte die ehemalige Cafe Konditorei Maxa in Waidhofen an der Thaya, als dort Dreharbeiten mit Robert Palfrader und Nicholas Ofczarek für die erfolgreiche TV-Serie „Braunschlag" stattfanden.

Cafe Konditorei

Links oben: In Eggenburg wurde ein ungewöhnlicher Weg gewählt, um zu zeigen, dass das Hotel „zur Linde“ keine Gäste mehr beherbergt.

Links unten: Im Sallingbergerhof, dessen Name auf die Standortgemeinde Bezug nimmt, wurde das letzte Bier vor circa 30 Jahren ausgeschenkt.

Rechts: In Thunau, einem Ortsteil von Gars am Kamp, wurde vor mehr als 100 Jahren – nur zwei Gehminuten vom Bahnhof entfernt – ein mondänes Hotel errichtet. Seit Jahrzehnten ist das „Hotel Terrassen-Cafe Franz Blauensteiner“, das in einem in dieser Region unverwechselbaren Stil errichtet wurde, geschlossen.

HOTEL
TERRASSEN CAFE
Franz Blauensteiner

Als die Kinokarte nur 4,50 Schilling gekostet hat

Es ist schon eine besondere Entwicklung, die das Kino in Österreich hinter sich hat. Die Geschichte von öffentlichen Filmvorführungen beginnt im Herbst 1895. Im November gab es in Berlin die erste Filmvorführung. Nur wenige Monate darauf wurde der Kinematograf, eine Erfindung der Brüder August und Louis Lumière aus Lyon, auch in Wien vorgestellt. Ab dem 27. März 1896 konnten in der Kärntner Straße täglich Filmvorführungen genossen werden. Zunächst waren es aber vor allem Märkte, Zirkusse und Wanderkinos, die den Film als neue Attraktion – hauptsächlich in den Großstädten – für sich beanspruchten. Die ersten eigenständig betriebenen Kinos in Österreich, wie wir sie auch noch heute kennen, entstanden zwischen 1903 und 1905 in der heutigen Bundeshauptstadt. In Niederösterreich war Deutsch-Wagram im Jahr 1910 der Vorreiter für eine Branche, die rasant anwuchs: 1911 eröffnete das Kino in Retz, im Waldviertel folgten 1917 Eggenburg (geplant vom bekannten Architekten Clemens Holzmeister), 1918 Gmünd, 1920 Drosendorf (im Saal des Gasthauses „Zum goldenen Lamm", das 1958 zur tatsächlichen Kinostätte umfunktioniert wurde) und 1924 auch Waidhofen an der Thaya. Bis 1932 stieg die Zahl der Kinos in ganz Österreich auf 909.

Während des Zweiten Weltkrieges standen die Kinos unter Kontrolle der Nationalsozialisten und wurden vor allem zu Propagandazwecken genutzt. Auf diese Zeit sind die Bezeichnungen „Filmtheater" und „Lichtspiele", die den Begriff Kino ersetzen sollten, zurückzuführen. Als wichtiges Beispiel dient hier das Kino in Allentsteig, das 1938 von der NSDAP übernommen und aufgrund der Nähe zum neu errichteten Truppenübungsplatz vornehmlich als „Soldatenkino" geführt wurde. Viele Jahre danach wurde es unter dem Namen „Avalon" zum Ausgangspunkt, Wegbereiter und Symbol der alternativen Jugendkultur im Waldviertel.

Nach dem Zweiten Weltkrieg entwickelte sich das Kino zum wichtigsten Massenmedium. Heute fast unvorstellbar, gab es in jedem größeren Ort ein Kino, so zum Beispiel in Kautzen, Karlstein, Raabs, Dietmanns, Vitis, Schrems und Allentsteig. Unglaubliche Zahlen belegen die Beliebtheit und das Fehlen von Konkurrenz im Unterhaltungs- und Freizeitsektor: 1958 stellten 122 Millionen Besucher den absoluten Höchststand in Österreich dar. Die Filmvorführungen in den Kinos der Region waren fast immer ausverkauft. Wie in der Gegenwart profitierten aber nicht nur die Kinoinhaber (in Waidhofen an der Thaya kostete in den späten 1950er-Jahren eine Karte in den ersten sechs Reihen 4,50 Schilling, dahinter 11 Schilling), sondern ebenso die umliegende Gastronomie.

Mit dem wirtschaftlichen Aufschwung und dem Einzug des Fernsehens in die privaten Haushalte schwand der Einfluss des Kinos aber rasant. 1961 wurden noch rund 100 Millionen Kinobesucher gezählt, 1969 nur mehr etwa 40 Millionen. 2017 konnten 15,3 Millionen Tickets verkauft werden. Obwohl das Kino heute aus unserem täglichen Leben nicht mehr wegzudenken ist, hat es die Branche schwer. Das gesteigerte Freizeitangebot an sich sei die größte Konkurrenz, so der Branchensprecher für Niederösterreich, Mario Hueber: „Die wohl größte Herausforderung ist, die Kinos so attraktiv zu gestalten, dass der Besuch zum Erlebnis wird und sich damit gegenüber anderen Angeboten abhebt."

2017 gab es 142 Kinostandorte in ganz Österreich, 26 davon in Niederösterreich. Mit Horn (zwei), Zwettl und Gmünd weisen drei der vier Bezirkshauptstädte des Waldviertels ein Kino auf, Unterstützung erhalten sie vor allem von Filmclubs und Sommerkino-Initiativen. Während in Gmünd das älteste Kino Österreichs in Familienbesitz – 2018 wurden 100 Jahre Stadtlichtspiele Gmünd gefeiert, 1964 war es von der Familie Prinz übernommen worden – steht, sind abseits der großen Städte fast alle Kinos verschwunden. Aber nicht nur dort: In Waidhofen an der Thaya endete im Jahr 1994 die Kino-Ära. Wo früher Filme gezeigt wurden, befindet sich heute die sogenannte Volksbank-Passage.

Alfred Benda
beh. konz. Druckſortenherſtellung
KINO
Lichtſpiele
25

Links: Das Kino in Groß Gerungs: In den 1930er-Jahren als Programmkino genutzt, wurden danach in der NS-Zeit Propagandafilme gezeigt. In den 1990ern wurden die Filmvorführungen eingestellt. Bis Ende 2019 war die Jugendkulturinitiative „das Konzept" im ehemaligen Kino heimisch.

Rechts: Das Kino in Eggenburg, 1917 nach Plänen von Clemens Holzmeister erbaut, dient heute dem Krahuletz-Museum als Depot. Der Begriff „Lichtspielhaus" stammt aus den 1940er-Jahren, als beinahe sämtliche Kinos unter der NS-Herrschaft umbenannt wurden.

Links: Nur mehr wenige Teile der Originalausstattung des Kinos Allentsteig sind heute vorhanden und erinnern an alte Zeiten, in denen die Filmrollen noch gewechselt werden mussten.

Rechts: Nachdem das ehemalige Kino in Allentsteig seinen Betrieb eingestellt hatte, wurde es unter dem Namen „Avalon" zum Aushängeschild der Jugendkultur im Waldviertel.

Der Greißler: Nicht nur Nahversorger, sondern auch Mittelpunkt des Dorflebens

8.859.992 Menschen lebten mit dem Stichtag 1. Jänner 2019 in Österreich und damit um 0,43 Prozent oder 37.725 Personen mehr als am 1. Jänner 2018. Das niederösterreichische Bevölkerungswachstum entsprach dem Bundesdurchschnitt. Verzeichnete man in den westlichen Bundesländern Vorarlberg, Tirol, Salzburg und Oberösterreich, von wenigen Ausnahmen abgesehen, flächendeckende Zuwächse, so sah es im Osten anders aus. Nur im Ballungsraum Wien, entlang der Hauptverkehrsachsen Niederösterreichs und im Nordburgenland wurde ein Plus registriert.

Warum gibt es neben boomenden Regionen Bezirke, mit denen man seit vielen Jahren fast automatisch das Wort „Abwanderung" in Verbindung bringt? Welche Schlüsse kann man daraus ziehen, wenn man zum Beispiel das Durchschnittsalter der im Bezirk Gmünd lebenden Menschen (45,3 Jahre) mit jenem der Bevölkerung des Bezirks Bruck an der Leitha (42,1 Jahre) vergleicht? Oder wenn man sich ansieht, wie groß der Anteil der über 65-Jährigen in diesen beiden Bezirken ist? In Bruck an der Leitha, das man zum sogenannten Wiener Speckgürtel zählen kann, sind 18,6 Prozent der Bevölkerung älter als 65 Jahre, im Bezirk Gmünd liegt der Wert bei 23,1 Prozent.

Die Folgen liegen auf der Hand. Ein Landstrich oder eine Region hat langfristig mit Nachteilen zu rechnen, wenn die Jungen ihren Landbezirk verlassen, weil sie lieber in der Stadt mit ihren vielen Arbeits-, Wohn- und Freizeitmöglichkeiten leben möchten, und nur mehr die älteren Menschen bleiben, weil sie vielleicht an Haus und Garten hängen. Sie sind nun nicht mehr so finanzkräftig wie in den Jahren der Erwerbsarbeit und damit nicht mehr so attraktiv für die Wirtschaft. Was kommt, ist nicht neu und nicht nur im Bundesland Niederösterreich bekannt: Nach der Zersiedelung der ländlichen Räume erfolgt eine Konzentration von Arbeitsstätten und Handelsbetrieben am Rand der Städte. Die sich kontinuierlich ändernden Wirtschaftsstrukturen führen seit vielen Jahren zu mehreren Problemen: Die Orts- und Stadtzentren veröden, die Abwanderung steigt, die Motorisierung nimmt zu, infrastrukturelle Einrichtungen werden aufgegeben.

Dabei handelt es sich nicht nur um die Zusammenlegung von Polizeiinspektionen und Bezirksgerichten oder die Schließung von Post- und Finanzämtern, sondern auch um ein Phänomen, das seit Jahren unter dem Begriff „Greißlersterben" bekannt ist. Das Marktforschungsinstitut The Nielsen Company führte in seinen Statistiken für das Jahr 1960 die Zahl von 23.859 österreichischen Lebensmittelgeschäften an. Im Verlauf der darauffolgenden 20 Jahre sank diese Zahl auf 13.716. Weitere 20 Jahre später, im Jahr 2000, gab es in Österreich nur mehr 6656 Lebensmittelgeschäfte. Seit einigen Jahren hat sich die Zahl bei 5500 eingependelt.

Um die Umsätze im heimischen Lebensmittelhandel muss man sich trotzdem keine Sorgen machen. Lag der Gesamtumsatz des Lebensmittelhandels in Österreich im Jahr 2002 bei 13,9 Milliarden Euro, so stieg er kontinuierlich: auf 16 Milliarden 2007, 17 Milliarden 2009 und auf 19,8 Milliarden Euro im Jahr 2016. Viele kleine Lebensmittelhändler mussten alllerdings den Großen Platz machen und ihre Geschäfte schließen.

In den letzten Jahrzehnten blieb im Lebensmittelhandel kein Stein auf dem anderen. Es kam zu einer Konzentration auf wenige Unternehmen, die den Markt dominieren, zur Schaffung von zahlreichen Einkaufszentren auf der „grünen Wiese" sowie zur Schließung unzähliger Standorte, vor allem in ländlichen Regionen. Natürlich war es schicker und moderner, wenn man in den 1970er-Jahren in der Bezirkshauptstadt mit dem Einkaufswagerl durch den Supermarkt fahren und aus bis zu 3000 Produkten wählen konnte, während der Dorfgreißler nur 100 bis 600 Artikel anzubieten hatte.

Ab den 1960er-Jahren war der gesamte Einzelhandel in Österreich durch einen Strukturwandel gekennzeichnet. Der steigende Wohlstand der Bevölkerung und die erhöhte Mobilität führten zu Konzentrationen im Unternehmensbereich und zu neuen Arten der Betriebsformen. Die Geschäfte wurden immer größer, mit Selbstbedienung, dafür aber mit weniger Service und Beschäftigten, die Zahl der Standorte nahm ab. Der Einzelhandel löste sich immer mehr von jenen Orten, wo Menschen leben. Neue große Einkaufsmöglichkeiten entstanden dort, wo Autobahnabfahrten und freie Flächen vorhanden waren, auch die Ein- und Ausfahrtsstraßen von Städten wurden beliebte Plätze für den Einkauf, oft mit einem zusätzlichen Unterhaltungs- oder Freizeitangebot. Der „Versorgungskonsument" ist zum „Erlebniskonsumenten" geworden, wie es die Verkaufspsychologen bezeichnen.

Der „Kunde als König" stellt immer höhere Ansprüche, die ihm prompt erfüllt werden: Er möchte alle Waren des täglichen Bedarfs in einem Geschäft einkaufen können. Ist dieses One-Stop-Shopping nicht möglich, sollen alle Geschäfte zumindest gut erreichbar sein, über ein umfangreiches Angebot verfügen und die entsprechende Atmosphäre bieten. Die gewünschte Menge eines Produkts soll immer verfügbar sein, die Qualität muss stimmen, gleichzeitig soll man zu niedrigen Preisen einkaufen können, bequem, zur gewünschten Zeit – und natürlich sollten mit und neben dem Kauf ebenso emotionale Bedürfnisse befriedigt werden. Ziemlich viel, was Verkaufsexperten hier Kleinunternehmern empfehlen, wenn sie gegen die großen und die internationalen Trends bestehen möchten. Kein Wunder also, wenn Nahversorger in ländlichen Regionen – auch wegen des großen Kapitalaufwands – nicht Schritt halten können und ihre Geschäfte zusperren, ja zusperren müssen.
Die Nahversorgungslücken spüren zuerst jene, die über kein Auto verfügen und auf den öffentlichen Verkehr angewiesen sind, vor allem ältere Menschen und Junge. Mangelnde Nahversorgung hat einen Verlust an Lebensqualität zur Folge. Hand in Hand mit Faktoren wie Schul- und Ausbildungsangeboten, Kinder- und Altersbetreuung sowie Arbeitsmöglichkeiten kann sie als letzte Konsequenz bedeuten, dass es zu einer Abwanderung in einen städtischeren Raum kommt.
Doch jeder Trend wird von einer neuen Modewelle überholt. So schätzen Handelsexperten, dass sich der Gastronomie-Boom in den heimischen Einkaufsstraßen und Einkaufszentren in den nächsten zehn Jahren verdoppeln wird. Unterhaltungsangebote wie Sport und Fitness sollen in guten Einkaufslagen zum Standardangebot werden, und in Zukunft wird es mehr Kinderbereiche, Aufenthaltszonen und Eventbühnen geben, um Kunden in die „Einkaufstempel" zu locken. Der Arzt im Shoppingcenter wird bald zum Regelfall werden, Gesundheitsdienstleistungen wie Physiotherapie oder Massagen wird es dort künftig verstärkt geben. Die Anbieter profitieren von der hohen Besucherfrequenz, die Geschäfte von der längeren Verweildauer.
Das sind alles Peanuts im Vergleich zu den Zahlen, die der chinesische Online-Gigant Alibaba meldete. Beim jährlichen „Singles' Day" am 11. November werden den Kunden für den Zeitraum von 24 Stunden hohe Preisnachlässe gewährt. Das Ergebnis im Jahr 2019: Pro Sekunde wurden bis zu 544.000 Bestellungen abgegeben, die erste US-Dollar-Umsatzmilliarde erreichte man nach 68 Sekunden, nach 16 Stunden war der Vorjahresumsatz in der Höhe von 30 Milliarden Dollar geknackt.

Über viele Jahre hinweg war das Lebensmittelgeschäft von Gabriele Schuh in Großau bei Raabs Dreh- und Angelpunkt der örtlichen Nahversorgung.

Links oben: Bei vielen Greißlern (wie hier in Wultschau) konnten die Kunden ihre täglichen Einkäufe „anschreiben" lassen. Die Rechnung wurde am Ende der Woche bezahlt.

Links unten: Bis heute hat man für dieses Geschäft in Großau keinen Nachfolger gefunden.

Rechts: In diesem kleinen Haus versorgte Josef Fichtenbauer die Bewohner von Aalfang mit Fleisch, Wurst und Selchwaren.

FLEISCHHAUER u SELCHER
JOSEF FICHTENBAUER
18

LEOPOLD LAGER
KAUFMANN

Links: Statt Geschäftstreiben bietet das ehemalige Kaufhaus Lager in Gars am Kamp heute nur noch einen Platz für eine kurze Rast.

Rechts oben: Die Textilfabrik Zimm hatte in Heidenreichstein nicht nur ihren Produktionsstandort, sondern betrieb in der Innenstadt auch ein Verkaufslokal.

Rechts unten: Keine sichtbaren Hinweise mehr auf die ursprüngliche Branche gibt es bei diesem ehemaligen Geschäft in der Bahnhofstraße in Waidhofen an der Thaya.

Links oben: Schon seit Jahren wird von der Familie Herzog in Hirschbach weder Fleisch noch Wurst verkauft.

Links unten: Auf der Fassade dieses ehemaligen Lebensmittelmarktes am Stadtplatz in Gmünd findet man heute nur mehr Werbung für Waldviertler Mohnzelten.

Rechts oben: In der Unteren Landstraße in Weitra hat Josef Glaser die Rollläden seines Geschäfts für immer geschlossen.

Rechts unten: Die Bäckerei Sainitzer in Weikertschlag an der Thaya schloss im Jahr 2009. Aufschriften und Gemälde auf dem Gebäude erinnern heute noch an das traditionelle Handwerk.

Josef Glaser
Fleischer
Selcher

Bäckerei Rupert Sainitzer Gemischtwaren

Links: Die übermächtige Supermarkt-Konkurrenz wurde vielen Bäckern, vor allem in den Dörfern, zum Verhängnis. In Göpfritz an der Wild erinnert nur noch die Fassade an die einstige Tätigkeit.

Rechts: Leer stehende Geschäftslokale sind Zeugnisse der Vergangenheit. Sie bilden das Leben in den vorangegangenen Jahrzehnten ab. Oft stehen die historischen Gebäude zum Verkauf (Waidhofen an der Thaya).

3
Böhmgasse

Geh mit der Zeit
Kauf im KONSUM
1936

GESCHÄFTS-
LOKAL
ZU
VERMIETEN
0650/2309901
Lokal
Geschäft

Handarbeiten

Links oben: Über Jahrzehnte prägte das Unternehmen Konsum den Einzelhandel in Österreich. Nach der Insolvenz im Jahr 1995 wurden alle Filialen, wie hier in Allentsteig, geschlossen.

Links unten: Das Freizeit- und Konsumverhalten der Österreicher hat sich in den letzten Jahrzehnten stark verändert. Aus diesem Grund haben auch dieses Lokal in Zwettl (links) sowie das Handarbeitsgeschäft in Waidhofen an der Thaya (rechts) vor Jahren zusperren müssen.

Rechts: Allein an der Gestaltung und Architektur lässt sich erkennen, dass die Anforderungen an Geschäfte früher anders waren als heute. Die großen Rollläden lassen aber erahnen, wie geschäftstriebig es auch in kleineren Dörfern war (oben: Aigen bei Raabs an der Thaya; unten: Gmünd).

Links oben: Kaufhäuser waren in vielen Orten nicht aus dem täglichen Leben wegzudenken. In Heidenreichstein wurden Waren für den Alltag, oft auch Bekleidung, verkauft.

Links unten: Auch für Einzelhandelsbetriebe, die auf eine bestimmte Warenart spezialisiert waren, wurden die großen Einkaufszentren zur Bedrohung. In diesem ehemaligen Geschäft in Heidenreichstein werden keine Eisenwaren mehr gekauft.

Rechts: Relikte aus der Vergangenheit. Firmenbeschriftungen, Rollläden und nicht mehr benutzte Ankündigungstafeln lassen manche Bewohner in Erinnerungen schwelgen.

GEMISCHTWAREN
HERMINE SPITZER

A&O

INFORMATIONEN

KAUFMANN

Einst und jetzt: Es klappert die Mühle am rauschenden Bach ...

Wer kennt es nicht, das bekannte Volkslied aus dem 19. Jahrhundert, welches das Bäcker- und Müller-Handwerk besingt? Überhaupt steht die Müllerszunft im Mittelpunkt unzähliger Gedichte, Lieder, Sagen und Geschichten. Im Folgenden eine Hommage an die Bedeutung der Mühlen – auch wenn davon oft nur noch Erinnerungsstätten existieren.

Die Zeit der Mühlen begann, als die Menschen ihr Jägerdasein aufgaben, sesshaft und Ackerbauern wurden. In diese Epoche fällt die „Geburt" der Mühlsteine, mit denen das Getreide zunächst händisch zerkleinert werden konnte. Der Weg bis zur Erfindung der heute bekannten Wassermühle war ein weiter, dennoch: Bereits 25 vor Christus erwähnte der Architekt Vitruvius erstmals eine mit einem Wasserrad angetriebene Mühle.

Die ältesten Mühlen waren in Klöstern zu finden, danach wurde ihre Wichtigkeit in Grafschaften und in Städten erkannt, wobei zunächst die Eigenversorgung mit Mehl im Mittelpunkt stand. Mit der wachsenden Besiedelung entlang Kamp, Thaya, Ysper, Zwettl und Krems wurden auch im Waldviertel Mühlen errichtet, bereits 1187 die Gschwendmühle und 1280 die Neumühle im Bezirk Zwettl sowie 1313 eine Mühle unter dem alten Markt zu Ysper. 1318 wurde die Reith-Mühle im Bezirk Horn, 1392 die Klingel-Mühle in Zweres bei Großschönau erwähnt. Allein rund um Groß Gerungs gab es elf Mühlen (unter anderem die Neu-, Weiß-, Holz-, Hammer, Hypolz- und Reiberger-Mühle), benannt wurden sie meist nach ihrem Besitzer, der Lage oder dem Handwerk. Als Standort wurde ausschließlich ein Platz am Bach gewählt, damit der Antrieb durch das Wasserrad gewährleistet war.

In Zeiten der Hussiten- und Türkenkriege fielen fast alle Mühlen im Waldviertel der Zerstörung zum Opfer. Die Menschen hielten aber an ihren Bräuchen und Zünften fest, waren es doch die Müller und Bäcker, die vor allem im 17. und 18. Jahrhundert für die Nahrung der Bevölkerung sorgten.

Das romantisierte Bild der Mühle in abgeschiedener Lage, mit plätscherndem Mühlbach und einem großen, sich drehenden Mühlrad, führte nicht nur zu vielen Sagen und Geschichten, sondern ebenso zu manch spannenden und erzählenswerten Begebenheiten. Zum Beispiel erwarb Conrad Ferdinand von Albrechtsburg, Pfarrer von Eggenburg und Propst von Eisgarn,

im Jahr 1710 die Felber-Mühle (heute Vogelsang-Mühle) an der Schmida in der Nähe von Eggenburg und baute sie zu seiner Sommerresidenz um, wo er das extravagante Leben eines barocken Kirchenfürsten verbrachte. Der damalige Glanz ist heute nur noch zu erahnen. Und nach dem Zusammenbruch der ungarischen Räterepublik im Jahr 1919 hat sich der kommunistische Revolutionär Béla Kun in die Haidlmühle bei Kollmitzgraben zurückgezogen.
Mit dem Strukturwandel in der Landwirtschaft und der Industrialisierung begann der Niedergang des einst so stolzen Gewerbes. Durch den technischen Fortschritt wurden Verkehrslage und Transportwege immer wichtiger. Um 1900 waren allein im Bezirk Zwettl über 100 Mühlen im Einsatz, nach dem Zweiten Weltkrieg waren es 50, 1993 nur mehr drei.
Heute sind Mühlen Zeugnisse einer anderen Zeit, ihre großen Räder sind zum Sinnbild von Stillstand geworden. Viele noch bestehende Gebäude wurden zu Wohnhäusern umfunktioniert (wie zum Beispiel die Stoiß-Mühle in Waidhofen an der Thaya, in der sich von 1888 bis 1927 auch die Produktionsstätte der Tiefenbacher Knopf-Fabrik befand), andere wie die Bruck-Mühle an der Lainsitz in Gmünd, die noch bis 1978 in Betrieb war, stehen leer.

Dyk-Mühle und Mantler-Mühle: Erfolg mit altem Handwerk

Dass das Müllers-Handwerk Bestand haben und auch im 21. Jahrhundert als erfolgversprechendes Unternehmen geführt werden kann, zeigen zwei Beispiele aus Rosenburg bei Horn und Raabs an der Thaya.
1607 erstmals urkundlich erwähnt, gelangte die Mühle, die direkt am Fuß der Rosenburg liegt, 1853 in den Besitz der Familie Mantler. Durch die Einführung von Dampfmaschinen wurde sie im 19. Jahrhundert unabhängig von der Wasserkraft genützt, später durch zusätzlichen Strombezug die Leistung noch weiter erhöht. Ein Großbrand im Jahr 1925, der das Gebäude komplett zerstörte, stoppte die Erfolgsgeschichte nicht. Noch im selben Jahr wurde die Mühle wiederaufgebaut, die Ausweitung des Firmenimperiums, ab den 1990er-Jahren zunächst ins benachbarte Ausland, danach nach ganz Europa und Nordamerika, begann. Heute hält die Firma Mantler mit ihren Fertigmehlen rund 30 Prozent Marktanteil in Österreich.

Einen anderen, nicht minder erfolgreichen Weg wählte Lisa Dyk. Sie führt die Raabser Mühle, die seit 1881 in Familienbesitz ist, in fünfter Generation. Bereits ihr Vater Peter beeindruckte durch Innovationen. In der Gewissheit, dass es für kleine Mühlen immer schwerer werden würde, beschloss er in den 1970er-Jahren, als Erster Vollkorn zu vermahlen. Tochter Lisa ging diesen Weg weiter und stellte den Betrieb nach der Übernahme komplett auf die Verarbeitung biologischer Produkte um. Der Rest ist eine Waldviertler Erfolgsgeschichte.

Über Kürschner, Huf- und Wagenschmiede und anderes traditionelles Handwerk

Dem Wandel der Zeit unterliegen viele Berufsbilder. Während heute Webdesigner, Start-up-Manager oder Physiotherapeut als attraktive Berufe gelten, gibt es eine Reihe von Tätigkeiten, die in den letzten Jahrzehnten an Bedeutung verloren haben oder fast gänzlich verschwunden sind.

Die Veränderung der Einkaufsgewohnheiten und der Siegeszug der Freizeitmode haben etwa das Handwerk des Kürschners nahezu bedeutungslos werden lassen. Im Waldviertel gab es heute längst verschwundene Nerzfarmen. Die Tierfelle verarbeitete der Kürschnermeister zu Pelzbekleidung. Bis zum Ende des 20. Jahrhunderts galt die Bundeshauptstadt Wien gar als federführend in der Produktion besonders eleganter Damenpelzmode. Marktsättigung, eine stark sinkende Nachfrage und der Konkurrenzdruck aus Billiglohnländern ließen das Kürschner-Handwerk aber nahezu aussterben. Ein ähnliches Schicksal ereilte Hutmacher, wobei innovative österreichische Unternehmer noch heute aus diesen Handwerken ihren Lebensunterhalt bestreiten.

Der Huf- und Wagenschmied ist ebenfalls nahezu aus der Öffentlichkeit verschwunden. Viele Tätigkeiten wurden von Tierärzten übernommen, schon zuvor war durch die Industrialisierung der Landwirtschaft die Bedeutung des Handwerks zurückgedrängt worden.

Seit jeher sind bestehende Gewerbebetriebe stark von der jeweiligen gesellschaftlichen und technischen Entwicklung abhängig. Auch unklare Nachfolgeregelungen führten dazu, dass bei einem Spaziergang durch das Waldviertel oft leer stehende Betriebe sichtbar werden. Vom Glaser über den Elektrohändler bis zum Friseur ist davor keine Sparte gefeit. Die ehemaligen Besitzer gelten oft noch jahrzehntelang nach Schließung ihrer Unternehmen als Originale. Wie in Waidhofen an der Thaya der frühere Friseurmeister Günter Antony, der seine Geschichten aus Beruf und Leben nicht nur in Büchern verarbeitet hat, sondern dessen noch lange Zeit erhaltenes Geschäft in der Böhmgasse viele Jahre ein Stück Zeitgeschichte darstellte.

Oben: In der Mitte des vorigen Jahrhunderts waren in Dietmanns bei Groß-Siegharts zwei Wassermühlen und eine Windmühle in Betrieb. Die letzte Wassermühle wurde 1977 durch Bescheid der Wasserrechtsbehörde stillgelegt.

Unten: Die Mühle in Elsern (Gemeinde Drosendorf-Zissersdorf) hat ihren Ursprung im 16. Jahrhundert. Noch bis zum Beginn des 21. Jahrhunderts wurde hier Strom erzeugt.

Links: Die großen Wasserräder dienten der Hammerschmiede zum Antrieb des Hammers und weiterer Maschinen zur Bearbeitung von Eisen. Auch in der Nähe von Vitis wurde dieses Handwerk ausgeübt.

Rechts: Nur mehr wenige Hammerwerke sind so gut erhalten, dass man sich vorstellen kann, wie hier früher gearbeitet wurde.

Links: Die Mühle in Waidhofen an der Thaya wurde erstmals im 14. Jahrhundert erwähnt und war ab 1869 jahrzehntelang im Besitz der Familie Gabler. Nach Umbauten und Erweiterungen in den Jahren 1907 und 1910 wurde die Mühle 1969 stillgelegt. Danach beschränkte man sich auf die Erzeugung von Futtermitteln, aber auch dieser Zweig fand 1994 sein Ende.

Rechts oben: Die Bruckmühle in Gmünd, direkt an der Lainsitz gelegen, ist seit 1778 im Besitz der Familie Bodenstorfer. Genau 200 Jahre nach dem Kauf wurde der Mahlbetrieb eingestellt.

Rechts unten: Die Maiersche-Mühle in Buchberg am Kamp wurde Anfang des 18. Jahrhunderts errichtet. Der letzte aktive Müllermeister stellte den Betrieb 1960 ein.

Links: In den 1950er- und 1960er-Jahren dienten Teile der Anlage in Buchberg am Kamp als Fabrikshallen. Neben der einstigen Maierschen-Mühle entstand 1986 ein Kleinkraftwerk.

Rechts: Obwohl das Gebäude von außen sehr baufällig aussieht, sind die Innenräume erstaunlicherweise noch sehr gut erhalten.

Links: In Zeiten des Online-Bankings wird der persönliche Besuch in Banken immer unwichtiger. Das Kundengeschäft konzentriert sich heute auf weniger und größere Standorte. Daher wurden Filialen in Großau (oben) und Nonndorf (unten) geschlossen.

Rechts: Auf Brückenwaagen konnten Landwirte das Gewicht ihrer Produkte vor dem Weiterverkauf und -transport kontrollieren.

Frigidaire
GEMEINSCHAFTS-TIEFKÜHLANLAGE
BRÜDER WARCHALOWSKI WIEN

Astra-TIEFKÜHLANLAGE
EINGERICHTET DURCH
ASTRA MOLKEREI-u. KÜHLMASCHINEN GES.M.B.H.
WIEN 12

Links: Milchhäuser hatten teilweise bis in die 1980er-Jahre eine wichtige Funktion für die Landwirtschaft. Die Bauern lieferten die Milch an, sie wurde aufbereitet, gekühlt und zu den Molkereien weitertransportiert. Erinnerungen daran sieht man noch in Rappoltschlag (oben sowie unten links) und Sankt Martin (unten rechts).

Rechts oben: In Eggenburg war das Unternehmen von Ludwig Steininger über viele Jahre hinweg erste Anlaufstelle für Landmaschinen, Reparaturen und Wasserinstallationen.

Rechts unten: Vor mehr als 40 Jahren hat diese mittlerweile geschlossene Schlosserei in Groß-Siegharts ihren Betrieb aufgenommen.

HOLZWARENERZEUGUNG
Johann Schartner

Der
Rechenmacher

Links oben: Über viele Jahrzehnte wurden von Johann Schartner in Gars am Kamp Holzwaren aller Art hergestellt.

Links unten: Ein mittlerweile fast ausgestorbener Beruf. Der Rechenmacher in Gars am Kamp erzeugte unter anderem Heurechen für den Einsatz in der Landwirtschaft.

Rechts: Die Spedition von Karl Zaruba in Horn war ein wichtiger Partner für die regionale Wirtschaft, weil sie den Weitertransport der Produkte und Erzeugnisse übernommen hat.

Links oben: Wer braucht heute noch eine Glaserei? Der industrielle Strukturwandel hat zu einem massiven Auftragsrückgang, auch in Allentsteig, geführt.

Links unten: Der Beruf des Kürschners hat heute seine Bedeutung verloren, da immer mehr Kunden auf Kunstpelze zurückgreifen. In Zwettl erinnert nur noch die Fassadenaufschrift an wirtschaftlich lukrativere Zeiten in diesem Gewerbe.

Rechts: Das Sgraffitohaus am Stadtplatz in Gmünd ist heute ein beliebtes Fotomotiv. Für den Friseur war der touristische Hotspot leider keine Erfolgsgarantie.

FRISEUR

Wie die Textil- und Glasindustrie Arbeit und Wohlstand brachten

Die Geschichte der Textilindustrie im Oberen Waldviertel begann im 18. Jahrhundert, als Baumwollmanufakturen die bäuerliche Bevölkerung für Spinn- und Webarbeiten einsetzten. „Um den Mangel an Arbeitskräften zu überwinden, wurde die Familiengründung gefördert und wurden neue Kleinhausstellen angelegt, deren Bewohner/innen sich nun in erster Linie der Textilarbeit widmen konnten. Die regionalen Zentren des Textilverlags, der geschätzte 20.000 Personen – etwa ein Drittel der Bevölkerung – erfasste, waren Groß-Siegharts und Waidhofen", schreibt die Historikerin Andrea Komlosy. Die Wirtschafts- und Sozialhistorikerin an der Universität Wien beschäftigt sich seit mehr als drei Jahrzehnten mit der Geschichte der Waldviertler Textilindustrie.

Bis in die 1860er-Jahre war im bäuerlichen und kleinhäuslerischen Bereich die textile Hausindustrie weit verbreitet gewesen. „Jedes Haus in der Stadt und Umgebung hatte seine zwei oder drei Webstühle. Mann und Weib, alt und jung, jedermann verstand sich auf das Weben", so der Heimatforscher Karl Zimmel in seinem 1902 erschienenen Buch über die Stadt Litschau. Die Errichtung mechanischer Webwarenfabriken mit Standorten vor allem entlang der Franz-Josefs-Bahn in Schrems, Hoheneich, Gmünd und Weitra brachte die regionalen Handweber um ihre Aufträge, denn sie waren zu weit von den regionalen Zentren der Textilindustrie entfernt. Eine Entspannung gab es in den 1880er-Jahren, als Wiener Strickwarenhersteller im Waldviertel Fabriken errichteten: „Alle diese Fabriken beschäftigten 800 bis 900 Arbeiter, die teils in der Fabrik, teils mit entlehnten Maschinen zu Hause arbeiteten. Was einst am Webstuhl saß, das sitzt jetzt an der Strickmaschine, Mann und Weib, jung und alt" (Zimmel).

Eine ähnliche Entwicklung gab es in Heidenreichstein. Im nordwestlichen Teil des Waldviertels beschäftigte man sich mit der Strick- und Wirkwarenerzeugung, während die Betriebe entlang der Franz-Josefs-Bahn sich auf die Kleider-, Schal-, Möbel- und Dekorstoffweberei spezialisierten. Beiden Sparten gemeinsam war der Typus der Verlagsfabrik. „Von einem Fabrikstandort aus, wo mit Kraftmaschinen produziert wurde – oft wurden dafür ehemalige Mühlen und Sägewerke umgenutzt –, vergab man Heimarbeit an Handweber/innen und Heimstricker/innen. Damit konnten die Unternehmer Auftragsschwankungen ausgleichen und dabei Lohnkosten einsparen, weil Heimarbeiter/innen sich in der Regel mit Lebensmitteln selbst versorgten", so Komlosy. Neben den Möbel- und Dekorstoffen und den Wirkwaren gab es im Waldviertel zwei weitere Produktsorten mit regionaler Schwerpunktsetzung: Bänder in Groß-Siegharts und Frottiergewebe im Raum Kautzen, Gastern und Frühwärts. Eine wichtige Komponente für jeden Arbeitgeber war immer die Frage der Arbeitskräfte. Sie mussten kostengünstig und flexibel sein. Josefa Bauer wurde 1919 in Reinberg-Dobersberg geboren. Ihre Familie besaß ein paar Kühe, Mutter und Tochter arbeiteten nebenbei in Heimarbeit. „Meine Mutter hat eine Nähmaschine gehabt, die eh schon nimmer recht gegangen ist. Da waren Weber, Heimweber in Reinberg oben, und die haben sich wieder Frauen genommen, die ihnen die Handtücher eingesäumt haben. Das haben wir gemacht. Mein Gott, da bin ich noch in die Schule gegangen. Auf d' Nacht, wenn man halt das Licht anzünden hat dürfen – es war ja schade ums Licht, ums Petroleum –, da haben wir Handtücher gesäumt. Das waren ein paar Schillinge in der Woche, gemeinsam haben wir das halt verdient. Meine Mutter hat auch noch geschneidert für die Leut, so ein bissel, zum Dazuverdienen."

Das Waldviertel, die Niedriglohn-Peripherie

Im Jahr 1869 wurden bei der Volkszählung im Bezirk Waidhofen, der damals das gesamte Obere Waldviertel umfasste, 12.207 Personen in der „Webe-Industrie" registriert, was 67 Prozent der im Verarbeitungssektor Beschäftigten entsprach. Die Textilindustrie blieb die folgenden 100 Jahre für diese Region von großer Bedeutung. „Der wachsende Bedarf an Arbeitskräften brachte in den 1960er-Jahren eine zweite Welle von Betriebsgründungen und Erweiterungen mit sich, die auch den Elektrosektor wachsen ließen. Zur organisatorischen Abhängigkeit vom Großraum Wien trat nun die Abhängigkeit von multinationalen Konzernen, die das Waldviertel gleichfalls als Niedriglohn-Peripherie erschlossen" (Komlosy). 1971 waren in den Bezirken Gmünd und Waidhofen an der Thaya 41 Prozent der Berufstätigen in der Textil- sowie sechs Prozent in der Bekleidungsindustrie beschäftigt.

Produktionsstätten mussten jedoch in den folgenden Jahren geschlossen werden: „Beharrung und Modernisierung, regionalpolitische Förderungen, die Verbundenheit der Arbeiter/innen mit ihrem Betrieb, aber auch die Abhängigkeit von diesem, konnten den Niedergang der Waldviertler Textilindustrie eine Zeitlang hinauszögern, nicht jedoch aufhalten" (Komlosy).
Auch der Fall des „Eisernen Vorhangs" brachte keine Besserung: Gab es im Jahr 1989 noch 39 Betriebe, so waren es zwei Jahrzehnte später nur mehr neun. „Wo die Spezialisierung, zum Beispiel auf Heim- oder technische Textilien, gelang, blieben die Hallen aufgrund der durchwegs maschinellen Produktionsweise menschenleer. Konkurse, Übernahmen, Stilllegungen begleiteten den Niedergang der Branche, für die Arbeiter/innen bedeutete dies Kurzarbeit, Umschulung, Arbeitslosigkeit, Pendeln, Abwanderung – ein Circulus vitiosus, der mit Identitätsverlust, Vereinzelung und Apathie einherging und nach wie vor einhergeht", so die pessimistische Analyse Andrea Komlosys.
Heute ist die Textilregion Waldviertel schon längst Geschichte. So erinnert etwa die Anderlfabrik in Kleedorf bei Schrems, in der schon lange nichts mehr produziert wird, an einst blühende Zeiten, in denen Menschen oft ihr ganzes Leben lang Arbeit hatten. „Die Verlierer der neoliberalen Globalisierung sind abgestumpft, apathisch oder pragmatisch, eine Reaktivierung des industriellen Potenzials ist nicht in Sicht" (Komlosy).
Der Film „Über die Jahre" von Nikolaus Geyrhalter, erschienen 2015, ist berührend, gleichzeitig macht er auch sehr nachdenklich. Der Regisseur hat zehn Jahre lang sieben Arbeiterinnen und Arbeiter der Anderlfabrik begleitet – als sie noch in der Fabrik beschäftigt waren, in der Zeit der Schließung und während der oft langen Jahre der Perspektiven- und Arbeitslosigkeit.

Bobbin: Der Hauch der großen Welt aus Gmünd

Nach dem Zweiten Weltkrieg und der NS-Herrschaft begann in den 1950er-Jahren in Österreich langsam wieder der wirtschaftliche Aufschwung. Man interessierte sich für Konsumartikel, die kurze Zeit zuvor noch Luxusgüter gewesen waren: „Schrankwandmöbel, Stehlampen, Nierentische, Kühlschränke, Mixer, Waschmaschinen, Staubsauger, Geschirrspüler, 1952 noch als ‚amerikanische' Wunderdinge vorgestellt, wurden zu Wohlstandsindikatoren. Bald nahmen Motorräder, Automobile, Fernsehapparate, Sommerurlaube und Fernreisen diese Position ein. Die Küche nach amerikanischer Art, das Wohnzimmer mit Einbaumöbeln und das eigene Badezimmer wurden zu Wohlstandssymbolen", so der Historiker Roman Sandgruber.
Die Bobbin AG aus Gmünd war eine jener Firmen, die solche Güter mit großer Nachfrage produzierte. Das Unternehmen wurde 1923 auf dem Areal der ehemaligen Hauptdesinfektionsanlage des Flüchtlingslagers Gmünd (in Betrieb von 1914 bis 1918) gegründet. Bis 1938 wurden Textilspulen, Elektrogeräte und Kleinmöbel hergestellt. Die Nationalsozialisten arisierten das Unternehmen, aus ihm wurde ein Rüstungsbetrieb mit bis zu 150 Beschäftigten, in dem Munitionskisten produziert wurden.

Nach dem Ende des Zweiten Weltkrieges fertigte Bobbin ausschließlich Möbel. Besonders hohe Nachfrage herrschte nach Schrankmöbeln und den sogenannten Musterring-Möbeln, einem aus Deutschland stammenden Anbieter von Qualitätsmöbeln, die von Gmünd aus für den österreichischen Markt ausgeliefert wurden. Bobbin war ein großer und attraktiver Arbeitgeber, im Jahr 1962 zählte das Unternehmen 450 Beschäftigte.

Franz Drach, Geschichtsstudent aus Gmünd, hat im Sommer 1974 als Nachtportier bei Bobbin gearbeitet. „Das war ein erfolgreiches Unternehmen, nicht nur, was die Sicherheit des Arbeitsplatzes betroffen hat, sondern auch in Bezug auf die Qualität der Möbel, mit einer Garantie für 20 Jahre." „In jedem zweiten Haushalt in Gmünd gab es damals Bobbin-Möbel", ergänzt Harald Winkler, Leiter des Stadtarchivs von Gmünd: „Bobbin ist für Stabilität gestanden. Wer dort als Lehrling begonnen hat, ist bis zur Pension geblieben."

Doch das Unternehmen geriet in die Krise. 1982 gründete die Stadtgemeinde Gmünd den Verein zur Sicherung der Arbeitsplätze der Firma Bobbin, um eine mögliche Schließung des Werks zu verhindern. „Es hat an Innovationen gemangelt", erklärt Winkler. „Die Möbel waren zu jener Zeit nicht mehr modern, wenn man das Bobbin-Design zum Beispiel mit IKEA verglichen hat. Aber im Nachhinein ist es einfach, Fehler zu finden", sagt Drach, der zahlreiche Publikationen zur Stadtgeschichte verfasst hat. Trotz Sanierungsmaßnahmen kam drei Jahre später das Aus, am 17. Juni 1985 wurde beim Kreisgericht Krems der Konkursantrag gestellt, 285 Menschen verloren ihren Arbeitsplatz.

Arbeitsplätze, die auf Glas gebaut waren

Über Jahrhunderte hatte die Glasindustrie neben der Textil-, Holz- und Steinverarbeitung für das Waldviertel eine große wirtschaftliche Bedeutung. Glas gehört zwar längst nicht mehr zu den Haupterwerbszweigen in der Region, doch die Glasindustrie hat im Waldviertel Spuren in Landschaft, Gesellschaft und Kultur hinterlassen. „Wie alle anderen großen Industriezweige des Waldviertels ist auch die Glasindustrie von schweren Krisen gekennzeichnet gewesen und in der Folge, was die industrielle Fertigung betrifft, in die Bedeutungslosigkeit versunken", schreibt Harald Winkler in seinem Buch „Land und Glas. Leben und Arbeiten im Oberen Waldviertel", das 2016 anlässlich des 350-Jahr-Jubiläums der Marktgemeinde Brand-Nagelberg erschien.

Zwei Gründe waren entscheidend für die Glasproduktion im Waldviertel: die reichhaltigen Quarzvorkommen und die großen Wälder. Eine Glashütte benötigte für die Herstellung von Glas große Mengen an Holz, um die Glasöfen beheizen zu können. War das Holz in der näheren Umgebung einer Hütte aufgebraucht, musste der Betrieb seinen Produktionsstandort verlegen. Glashütten gab es im westlichen Waldviertel seit dem 14. Jahrhundert. Um 1790 zählte man im Waldviertel elf Glashütten. Man schätzt, dass um 1800 mehr als 500 Menschen in der Waldviertler Glasindustrie beschäftigt waren.

In der Mitte des 19. Jahrhunderts wurden die Wald- und Wanderglashütten durch moderne Großbetriebe ersetzt, die Gründe dafür waren der Mangel an Holz und der steigende Konkurrenzdruck. Es kam ab dem Jahr 1835 auch zu einem starken Konzentrationsprozess der Betriebe in der Hand der Familie Stölzle, die mit Alt- und Neu-Nagelberg, Aalfang, Eugenia (Schrems), Sofienwald (Erdweis) sowie Gutenbrunn alle wichtigen Glashütten erwarb. Schließlich wurde die Produktion der Firma Stölzle in Alt-Nagelberg konzentriert. Zu Beginn des 20. Jahrhunderts waren in Österreich unter der Enns und Böhmen mehr als 3500 Menschen in den Stölzle-Betrieben beschäftigt. Stölzle-Glas war weltweit gefragt, so hatte das Unternehmen Verkaufsagenturen in London, Paris, Hamburg, Amsterdam, Athen, Konstantinopel, Kairo, New York und Rio de Janeiro. „Das Fundament des Exportgeschäfts ruhte in erster Linie auf dem raffinierten, geschliffenen, gravierten, bemalten, vergoldeten und schön gefärbten Glas", erklärt der Historiker Harald Winkler.

Große Auswirkungen auf das Unternehmen und die Waldviertler Glasindustrie hatten der Zerfall der Donaumonarchie und die schwierige wirtschaftliche Situation in den 1920er- und 1930er-Jahren. Ab 1949 kam es zum Neubau von Betriebsstätten, „man spezialisierte sich auf die Massenerzeugung für den alltäglichen Gebrauch, aber ebenso auf die kunstvolle Bearbeitung der Gläser, wie etwa durch Schnitte und Schliffe: Alt-Nagelberg war wieder das Zentrum erlesener Handwerkskunst" (Winkler). Zu Beginn der 1960er-Jahre arbeiteten bei Stölzle bis zu 750 Menschen.

Der Markt – national wie international – verlangte mit der Zeit jedoch andere Produkte. Der Niedergang des Unternehmens war nicht aufzuhalten: 1978 wurde Stölzle mit Oberglas fusioniert, 1986 an Swarovski verkauft, und trotz finanzieller Förderung durch Bund und Land musste das Unternehmen im Dezember 2001 Insolvenz anmelden. 87 Personen waren zu diesem Zeitpunkt noch bei Stölzle beschäftigt. Eine Ära ist damit im Waldviertel zu Ende gegangen.

Rechts: 1879 verlagerte der Wiener Webwarenfabrikant Johann Anderl aus Kostengründen seine Produktion nach Kleedorf bei Schrems. In Hochzeiten waren 275 Personen beschäftigt, mit dem Niedergang der Textilindustrie musste die Anderlfabrik 2004 schließen.

Links: Die frühere Hammerschmiede in Kehrbach (Gemeinde Langschlag) wurde bis zur Mitte des 19. Jahrhunderts als Papiermühle betrieben.

Rechts: 1986 übernahm der Wiener Unternehmer Heinrich Krätschmer die stillgelegte Papierfabrik in Kehrbach. Bis 1934 wurden in dem Gebäude gedrechselte Holzwaren hergestellt.

Links oben: 1847 ließ Josef Adensamer in Groß-Siegharts eine Bandweberei errichten, in deren Blütezeit fanden hier bis zu 500 Beschäftigte Arbeit.

Links unten: Im 1924 vom Wiener Seidenwarenfabrikanten Samuel Eisenberger errichteten Stahlbetonbau in Gmünd waren bis zu 300 Personen beschäftigt. Nach dem Ankauf durch die Firma Baumann wurde die Produktion 1992 eingestellt. Heute dient die Fabrik als Betriebsstätte für Jugendkultur und Ausstellungen.

Rechts: Auch die Adensamerfabrik war vom Niedergang der Textilindustrie im Waldviertel betroffen. Ende der 1990er-Jahre wurde der Betrieb komplett eingestellt.

Dietmanns bei Groß-Siegharts war einer jener Orte, in denen die Textilindustrie eine dominierende Rolle spielte. Die Schiel AG wuchs in den 1920er-Jahren zum größten Seidenkonzern Mitteleuropas mit über 3000 Beschäftigten an. Eine der Produktionsstätten lag in Dietmanns.

Oben: Für Wartung, Instandhaltung und Reparatur befand sich in der ehemaligen Seidenfabrik der Schiel AG auch eine Tischlerei.

Unten: 1871 wurde in der Textilfabrik in Dietmanns ein Kessel- und Maschinenhaus errichtet, welches vorwiegend zum Antrieb der Maschinen diente. Knapp 100 Jahre danach wurde es wieder stillgelegt.

1936 von Adolf Zimm gegründet, wurden in seiner Fabrik in Heidenreichstein vor und während des Zweiten Weltkrieges hauptsächlich Socken und Strümpfe produziert. 1974 wurde mit 230 Mitarbeitern der Beschäftigtenhöchststand verzeichnet. Nach einem Ausgleich und der damit verbundenen Umstrukturierung im Jahr 1978 waren Anfang der 1990er-Jahre nur noch 30 Personen beschäftigt.

Links oben: 1956 wurde in einem Gebäude in Gars am Kamp, das zuvor Mühle, Sägewerk und Wasserkraftwerk gewesen war, die Erste Österreichische Spiegelglasfabrik heimisch. 50 Jahre blieb sie an diesem Standort, ehe der Betrieb eingestellt wurde.

Links unten: In Eggenburg wurde 1870 das Gebäude der „Ersten Waldviertler Feigenkaffee Fabrik von Jacob Degen" errichtet. 1910 wurde die Produktion wieder eingestellt. Danach nutzten verschiedene Unternehmen das Haus, bis 2009 war das Österreichische Motorradmuseum darin untergebracht.

Rechts: Mit Stölzle war einer der bekanntesten Glasproduzenten Österreichs in Alt-Nagelberg beheimatet. Nach der Fusion mit der Firma Oberglas (1978) und dem Verkauf an Swarovski (1986) musste die Glasproduktion im Jahr 2001 eingestellt werden.

Das Unternehmen Bobbin mit Sitz in Gmünd wurde 1923 auf dem Areal des ehemaligen Kriegsgefangenenlagers errichtet. In den folgenden Jahrzehnten wurde die Fabrik mehrmals umgebaut und erweitert. Bobbin-Möbel hatten in den 1950er- und 1960er-Jahren einen ausgezeichneten Ruf und wurden auch exportiert.

Aufgrund der immer größer werdenden Konkurrenz geriet das Unternehmen in den 1970er-Jahren in wirtschaftliche Schwierigkeiten, 1985 musste der Betrieb zusperren. Die zu einem Großteil noch bestehenden Fabriksgebäude sind heute vermietet oder werden für Jugend- und Kulturprojekte zur Verfügung gestellt.

Links: Aufgelassene Steinbrüche bleiben nicht als Industrieruinen bestehen, sondern werden oftmals geflutet, wie hier in der Nähe von Schrems.

Rechts: Der Steinbruch Brombühel in Schrems wurde Ende des 19. Jahrhunderts eröffnet. Er steht seit dem Zweiten Weltkrieg nicht mehr in Betrieb. Durch ein großes Steintor ist die ehemalige Einfahrt zum Steinbruch Brombühel heute noch gut erkennbar. Ab dem Jahr 1995 wurde der Steinbruch als Naturbühne und Veranstaltungsort für Konzerte und Clubbings genutzt.

Links oben: 1860 wurde das Sägewerk in der Raabser Straße in Horn errichtet. Nach mehrmaligen Umbauten und Erweiterungen ging das Unternehmen 1990 an die Graf Bau GmbH, die den Standort an den Stadtrand verlegte. Heute wird die „Arena" für Kultur- und Jugendveranstaltungen genutzt.

Links unten: Sägewerke hat man vor einem halben Jahrhundert noch in vielen Orten des Waldviertels gefunden. Heute gibt es nur noch wenige, die diese Unternehmung betreiben. Das Sägewerk Müllner in Waldhausen ist seit rund 30 Jahren nicht mehr in Betrieb.

Rechts: Auch in Pürbach nahe Schrems findet man noch heute ein vor vielen Jahren stillgelegtes Sägewerk.

Das Waldviertel und seine Zukunft: „Nicht jammern, sondern etwas tun!"

Rund 220.000 Einwohner fasst das Waldviertel (als NUTS-3-Region beinhaltet dieses die Bezirke Gmünd, Horn, Zwettl, Waidhofen an der Thaya und Krems sowie die Stadt Krems) auf 4600 Quadratkilometern. Im Durchschnitt wohnen in den 99 Gemeinden mit ihren 1070 Ortschaften rund 50 Personen pro Quadratkilometer, dies ist der drittniedrigste Regionen-Schnitt in ganz Österreich.

Bei der Frage der Bevölkerungsentwicklung müssen zwei Seiten betrachtet werden: Zwar ist der Bevölkerungsrückgang in den Jahren 1991 bis 2019 in den Bezirken Gmünd (-11 Prozent), Waidhofen an der Thaya (-10 Prozent), Zwettl (-9 Prozent) und Horn (-4 Prozent) klar ersichtlich, dennoch gibt es genug Gründe, um positiv in die Zukunft zu sehen. Seit einigen Jahren ist die Bilanz im Waldviertel positiv, es wandern also im Gesamtsaldo mehr Personen zu als ab. Dabei handelt es sich nicht, wie oft kolportiert, um die Generation 60+. Zwar verlassen vor allem junge Menschen im Alter von 18 bis 30 Jahren die Heimat aufgrund der besseren Ausbildungsmöglichkeiten in der Großstadt, doch ist es auch genau jene Altersgruppe, in der es die meisten Zuzüge gibt. Der Grund ist einfach wie verständlich: Nach ihrer Ausbildung zieht es viele Paare mit ihren Kindern wieder zurück in das Waldviertel, um hier die Lebensqualität zu genießen. Wie kommt es aber dazu, dass das Waldviertel in der öffentlichen Wahrnehmung stets als klassisches Beispiel einer Abwanderungsregion herhalten muss? Trotz positiver Wanderungsbilanz nimmt die Anzahl der Einwohner ab. Dies liegt an der demografischen Entwicklung – jährlich werden mehr Todesfälle als Geburten verzeichnet –, ein Faktum, das nicht nur das kleinstrukturierte Waldviertel betrifft, sondern in ganz Österreich sichtbar ist. Apropos kleinstrukturiert: Tatsächlich finden sich im Waldviertel Ortschaften, die nur sehr wenige Hauptwohnsitzer aufweisen. Edelhof im Bezirk Zwettl stellt dabei mit nur einem einzigen Einwohner mit Hauptwohnsitz ein Kuriosum dar, gefolgt von Joachimstal (Bezirk Gmünd), Ottenstein, Waldreichs und Ernst im Bezirk Zwettl mit jeweils zwei Hauptwohnsitzern (Stand 2019). Schrems, Eggenburg und Heidenreichstein sind hingegen neben den Bezirkshauptstädten die größten Städte der Region. Rasante Bevölkerungszuwächse in absoluten Zahlen können vor allem Vitis, St. Bernhard-Frauenhofen und Kirchberg am Walde verzeichnen. Durchschnittlich leben rund 205 Hauptwohnsitzer in den Orten des Waldviertels.

Letztendlich ist es aber eine Folge unserer alternden Gesellschaft, dass kleinere Orte an den Rand ihrer Existenz gedrängt werden. Viele jüngere Menschen ziehen auch innerhalb des Waldviertels in die Städte, um die bessere Infrastruktur zu nutzen, viele Häuser werden so zu Leerständen. Der Strukturwandel in der Landwirtschaft und der Trend zu größeren Flächen und Einheiten führen dazu, dass immer mehr Bauern ihren Beruf aufgeben und Höfe danach leer stehen. Viele Gemeinden haben dies erkannt und arbeiten aktiv am Leerstandsmanagement. In der Kleinregion Waldviertler Kernland wurde zu Beginn des Jahres 2019 eine Erhebung durchgeführt. Das Resultat: Rund 300 Häuser standen leer, in 200 wohnten Personen, die über 80 Jahre alt waren. Leistbares Wohnen, der Zusammenhalt im Dorf, die Landschaft und die Natur – all dies sind Themen, die nun in den Mittelpunkt gerückt werden, um die Nachteile der Infrastruktur und Mobilität zurückzudrängen.
Dies ist aber nur eines von vielen Projekten mit dem Ziel, das Waldviertel noch lebenswerter zu machen und mit der Verwertung der Leerstände die Dorfstruktur zu stärken. Überlegungen und Aktivitäten dazu gibt es in nahezu jeder Gemeinde der Region. Als Leuchtturmprojekt wirkt „Wohnen im Waldviertel". Seit elf Jahren ist die Plattform aktiv, mit dem Ziel, Menschen auf der Suche nach einem neuen Wohnstandort – und in weiterer Folge einer Arbeitsstelle – zu unterstützen. Und das mit großem Erfolg, seit 2009 haben fast 50.000 Menschen dem Waldviertel ihr Vertrauen geschenkt und hier einen neuen Hauptwohnsitz gegründet. Die Initiative ist auch ein Paradebeispiel für kommunale Zusammenarbeit, sind unter dem Dach des Trägervereins „Interkomm" doch 56 Gemeinden vereint. Oder um es mit den Worten von Regionalberater Josef Wallenberger zu sagen: „Hören wir auf zu jammern und tun wir etwas!"

Links: Aufgrund von demografischer Entwicklung und Strukturwandel ist es für ländliche Regionen oft schwierig, die bestehende Infrastruktur zu erhalten. Neben Geschäften, Fabriken und Schulen zählen dazu auch Wohnhäuser und Bauernhöfe wie in Warnungs bei Vitis.

Rechts: Leer stehende Gebäude sind nichts für das Waldviertel Spezifisches, sondern betreffen periphere Gebiete auf der ganzen Welt. Auf den folgenden Seiten gibt es Fotos von leer stehenden Häusern und aufgegebenen Höfen quer durch das Waldviertel.

Links oben: Reittern nahe Gföhl.

Links unten: Mitterreith, eine Katastralgemeinde von Zwettl.

Rechts: Bei Groß Gerungs.

Oben: Aalfang
im Bezirk Gmünd.

Unten: In der Nähe von
Bad Großpertholz.

Oben: Engelsdorf in der Stadtgemeinde Eggenburg.

Unten: Ein ehemaliges Wirtschaftsgebäude am Kamp in der Nähe von Krug (Gemeinde Pölla).

Links: Jägerhaus nahe Pürbach bei Schrems.

Rechts: Hydranten und Brunnen prägen auch heute noch die Ortsbilder, wie hier in Rappoltschlag bei Waldhausen (links) und Haimschlag nahe Echsenbach (rechts).

Oben links: Oberplank, eine Katastralgemeinde von Schönberg am Kamp.

Oben rechts und unten links: Gars am Kamp.

Unten rechts: Waldenstein im Bezirk Gmünd.

Oben: Allentsteig.

Unten: Hollenstein bei Kirchberg am Walde.

Links: Fuglau im Bezirk Horn.

Rechts oben: Hollenstein.

Rechts unten: Aalfang.

Oben: Nonndorf bei Grünau.

Unten: Bruderndorf, eine Katastralgemeinde der Marktgemeinde Langschlag.

Rechts: Groß Gerungs.

32

Links: Groß Gerungs.

Rechts: Raabs an der Thaya.

NO
H H.
16
16

Links: Süßenbach bei Weikertschlag an der Thaya.

Rechts oben: Hirschbach bei Vitis.

Rechts unten: Schaditz bei Raabs an der Thaya.

Links: Zwettl.

Rechts: In der Schlossgasse in Weitra befand sich früher ein Gefängnis. Heute steht das Gebäude unter Denkmalschutz.

Über die 42 Dörfer, die den Nazis weichen mussten

Im März 1938, nach dem „Anschluss“ Österreichs, machten sich viele Waldviertler Hoffnungen auf einen Aufschwung der Region, denn Adolf Hitler hatte hier familiäre Wurzeln. Doch die Menschen im Waldviertel verloren ohnehin bald den Stolz, ihre Region als „Führerheimat“ zu bezeichnen. Denn nur wenige Wochen später war alles vorbei. Etwa 7000 Menschen in 42 Dörfern mussten ihre Häuser und Höfe verlassen. Die deutsche Wehrmacht plante, im Döllersheimer Ländchen, einem Landstrich zwischen Zwettl, Horn und Allentsteig, einen Truppenübungsplatz zu errichten.

Bereits im August 1938 waren die ersten Soldaten auf dem neuen, 180 Quadratkilometer großen Truppenübungsplatz im Einsatz. Für die deutsche Wehrmacht war es schon längere Zeit klar, dass sie für die Umsetzung ihrer militärischen Pläne Möglichkeiten zur Vorbereitung braucht, erklärt Stefan Eminger vom Niederösterreichischen Landesarchiv: „Die Wehrmachtsgeneräle haben etwas Passendes gesucht, im Waldviertel fanden sie so einen Platz: eine strukturschwache Region, dünn besiedelt mit kleinen Hofgrößen – und eine relativ hohe Zustimmung zum Nationalsozialismus. Man hat sich daher dort den geringsten Widerstand erwartet.“ Christian Rapp, Wissenschaftlicher Leiter des Hauses der Geschichte in Sankt Pölten: „Diese Gegend war mit Wäldern und Wiesen möglichst abwechslungsreich, und sie war von Wien und Linz schnell erreichbar.“

Den Betroffenen im Döllersheimer Ländchen blieb damals nur wenig Zeit für die Aussiedelung. Widerstand war zwecklos, wie Johann Weixlberger im Jahr 1988 dem ORF Niederösterreich erzählte: „Man kann sagen, dass auch die hundertprozentigen Nationalsozialisten einen heimlichen Groll im Bauch mit sich getragen haben. Es war ihnen nicht alles eins, wenn sie ihre Heimat jetzt verlassen müssen.“ Auch Anton Jonas war einer der zahlreichen Betroffenen: „Jeder hat auf sich selbst schauen müssen, und keiner hat sich um den anderen gekümmert.“

Nach dem Ende des Zweiten Weltkrieges gab es kurz Hoffnung, dass die Menschen in ihre Dörfer zurückkehren könnten. Doch bis 1955 war das Areal unter sowjetischer Verwaltung, 1957 übernahm es – in verkleinerter Form, da einige Gebiete ausgegliedert wurden – das Österreichische Bundesheer. Auch damals kam es zu der von vielen Menschen erwarteten Rückgabe von einigen teilweise noch als Fragmente bestehenden Siedlungen und Kirchenruinen nicht, „denn mit dem Verlust der

materiellen Substanz ist ihnen auch jede funktionelle und den lebensräumlichen Zusammenhang konstituierende Bedeutung entzogen", so der Kunsthistoriker Wolfgang Huber vom Bundesdenkmalamt im Jahr 1995.
In Döllersheim wurden die Kirche und der Friedhof instandgesetzt, nachdem sie 1981 aus dem militärischen Sperrgebiet ausgegliedert worden waren. Seit 1986 gibt es den Verein „Freunde der alten Heimat", der jedes Jahr am 2. November in der Friedenskirche eine Gedenkfeier abhält. „Sie hat auch den Zweck, dass das Wissen nicht verschwindet. Vielen ist gar nicht bewusst, dass hier einmal mehr als 40 Dörfer mit einem regen Dorfleben bestanden haben", so Vereinsobmann Bernhard Lehr. „Ich freue mich, dass vor allem die Jugend, die dritte Generation, wissen will, woher stammt meine Familie, wie ist sie durch die schwierigen Zeiten gekommen? Das fasziniert mich", sagte 2018 Julius Schlapschy vom Kommando des Truppenübungsplatzes Allentsteig gegenüber noe.ORF.at. Man betont, dass der Verein und das Bundesheer gut zusammenarbeiten, man veranstaltet gemeinsam Gedenktage und pflegt die Gedenkstätte rund um die Friedenskirche Döllersheim.

Links: Die ehemalige Pfarrkirche in Döllersheim wurde ab Mitte der 1970er-Jahre renoviert und 1986 zur Friedenskirche ernannt.

Rechts oben: Am Friedhof neben der Friedenskirche erinnern Gräber und Grabkreuze an die Angehörigen der 1938 vertriebenen Menschen.

Rechts unten: Die Gruft des Grafen Lamberg und seiner Ehefrau befindet sich im seinerzeitigen „Armenviertel" des Friedhofs. Die Grafen Lamberg waren seit 1536 Besitzer der Veste und Herrschaft Ottenstein mit dem Markt, Amt und Pfarrpatronat Döllersheim. Sie waren wegen ihrer sozialen Einstellung im Volk sehr beliebt.

Links oben: Südöstlich der Pfarrkirche ist noch die Ruine des ehemaligen Pfarrhofes zu sehen.

Links unten: Das ehemalige Bürgerspital wurde 1660 von Graf Lamberg gestiftet.

Rechts: Die den Heiligen Petrus und Paulus geweihte ehemalige Pfarrkirche in Döllersheim kann gegen Voranmeldung besichtigt werden.

HERR,
GIB
UNS
DEN
FRIEDEN

„Ich gelobe, mein Leben einzusetzen, um meinen Mitmenschen zu helfen!"

Dieser – zugegeben verkürzte – Ausspruch ist Teil des Gelöbnisses, welches jedes neue Mitglied der Freiwilligen Feuerwehr schwören muss. Er steht für das Selbstverständnis der Einsatzkräfte: Retten, Löschen, Schützen und Bergen – 365 Tage im Jahr auf freiwilliger Basis.

Erste Hinweise auf Feuerwehren gehen bis ins dritte Jahrhundert zurück, aber erst um 1850 wurden die ersten freiwilligen Feuerwehren (im Stift St. Florian und in Linz) gegründet. In diese Zeit fällt auch die Aufstellung der ersten Wasserhydranten in Wien.

Heute gehören freiwillige Feuerwehren zu den wichtigsten Einsatzorganisationen des Landes. 4500 Feuerwehren existieren landesweit, ein großer Teil davon – 1700 – ist in Niederösterreich stationiert. „Eine Gesellschaft lebt von lebendigen Prozessen, dazu gehört auch die Hilfe am Nächsten", heißt es aus dem Bezirksfeuerwehrkommando Waidhofen an der Thaya. „Diese äußert sich in der Bereitschaft, Geld zu spenden, und viele integrieren sich in Organisationen – hier sind wir Weltmeister."

Gerade in ländlichen Gebieten kommt der freiwilligen Feuerwehr eine besondere Rolle zu. Nicht nur der persönliche Einsatz und die Hilfeleistung, sondern auch Kameradschaft und eine fundierte Ausbildung stehen im Fokus. „Gesellschaftspolitisch ist die Feuerwehr ein Fels in der Brandung", heißt es dazu aus dem Bezirksfeuerwehrkommando, das damit nicht nur auf die Übungs- und Einsatztätigkeit verweist, sondern ebenso auf die wichtige Rolle in der dörflichen Struktur: „Meist ist die freiwillige Feuerwehr der einzige Ort, wo sich Bewohner treffen, austauschen und gemeinsam kommunizieren können."

Die flächendeckende Einsatzbereitschaft der Kameraden ist beeindruckend. Allein in den vier Waldviertler Bezirken – Gmünd, Horn, Waidhofen an der Thaya und Zwettl – sind mehr als 400 Ortsgruppen der Freiwilligen Feuerwehr Niederösterreich stationiert, weit mehr als 20.000 Freiwillige sind darin engagiert. Das Einsatzspektrum geht weit über die reine Brandbekämpfung hinaus. Technische Einsätze wie PKW-Bergungen, Menschenrettungen und Einsätze bei Naturkatastrophen stehen schon fast an der Tagesordnung. 965 Einsätze verzeichnete das Bezirksfeuerwehrkommando Waidhofen an der Thaya im Jahr 2019, dabei wurden rund 130.100 ehrenamtliche Stunden aufgewandt, was einer Wertschöpfung von über drei Millionen

Euro entspricht. Dazu ist die Meinung klar: „Künftig wird die Feuerwehr noch mehr im Rampenlicht stehen, um Krisenzeiten, wie zum Beispiel bei einem Strom-Blackout, vorbeugen zu können."
Trotz dieser umfangreichen Einsatzgebiete und der großen Belastung, die auf den Kameraden liegt, blickt die Freiwillige Feuerwehr Niederösterreich in eine positive Zukunft. Die Nachwuchsarbeit funktioniert seit jeher sehr gut, in vielen Familien wird seit Jahrzehnten die Tradition der Feuerwehr-Mitgliedschaft fortgeführt. Aber auch Männer und Frauen, die bereits mitten im Berufsleben stehen, sehen die Notwendigkeit, sich zu engagieren, und wollen hier ihren Teil zur Gesellschaft beitragen. „Denn es ist ein unheimlich gutes Gefühl, wenn man Hilfe leisten kann und darf", so die Devise aus dem Bezirksfeuerwehrkommando Waidhofen an der Thaya, „nicht umsonst wird die Feuerwehr von der Bevölkerung jährlich zur vertrauenswürdigsten Berufsgruppe gewählt."
Nur vereinzelt ist es in kleineren Ortschaften nicht mehr möglich, den Mindestmannschaftsstand und somit die nötige Versorgung und Einsatzbereitschaft zu gewährleisten. Hier springen dann aber die Nachbarorte ein, ganz im Sinne des Leitsatzes der Freiwilligen Feuerwehren in Niederösterreich, den Mitmenschen zu helfen.

Links: Mit Jahresende 2015 konnte in Rappoltschlag kein neues Kommando gefunden werden. Danach wurde ein ungewöhnlicher Schritt gewählt: Die Freiwillige Feuerwehr des Ortes löste sich auf.

Rechts: Manche alte Feuerwehrhäuser entsprechen nicht mehr den aktuellen Anforderungen. Die Freiwillige Feuerwehr Drosendorf ist vor bald 20 Jahren in ein größeres und moderneres Gebäude umgezogen.

F.F. DROSENDORF

Eisenbahnverkehr im Waldviertel: Warum viele Züge nicht mehr fahren ...

Die Geschichten über den Eisenbahnverkehr im Waldviertel sind schon etwas Besonderes. „Früher war eine Zugfahrt eine Reise", meint der Obmann des Museums-Lokalbahnvereins Zwettl, Karl Wasinger. „Zunächst musstest du mindestens drei Kilometer bis zum nächsten Bahnhof gehen, dann bist du nach Wien gefahren, und am Abend warst du wieder daheim. Wenn du Glück hattest." Aber alles der Reihe nach.

Das Mutterland des Fußballs war es, in dem 1825 die erste öffentliche Dampfeisenbahnfahrt stattgefunden hat. Der Beginn des Zeitalters der Eisenbahn liegt also in England. Aber Österreich zog bald nach, bereits 1837 wurde die Kaiser Ferdinands-Nordbahn erbaut. Die erste Fernbahn der Monarchie führte bis in das damalige Kronland Galizien (heutige Westukraine und Südpolen). Mit der Kaiserin-Elisabeth-Westbahn wurde Wien 1858 zunächst mit St. Pölten und Linz verbunden, später führte die Bahnverbindung bis nach Salzburg und weiter zur schweizerischen Grenze.

Schnell lag der kaiserliche Fokus vor allem auf der Erreichbarkeit von Böhmen, der heutigen Tschechischen Republik. Und da die Westbahn den Namen der Kaiserin trug, sollte die neue Bahnverbindung nach Prag nach dem Kaiser benannt werden – die Geburtsstunde der Kaiser Franz Josephs-Bahn, der heutigen Franz-Josefs-Bahn. 1866 wurde die Konzession zum Bau und Betrieb der eingleisigen Bahn an adelige Großgrundbesitzer vergeben, schon am 1. September 1868 fuhr der erste Zug auf der Teilstrecke von Budweis nach Pilsen. Im Jahr darauf wurde der Streckenabschnitt von Budweis bis Eggenburg eröffnet, ehe am 23. Juni 1870 erstmals ein Zug direkt von Wien nach Pilsen fahren konnte. „In der damaligen Zeit war die Verbindung von Wien nach Tschechien immens wichtig", so Thomas Anton, Mitglied des Museums-Lokalbahnvereins Zwettl, der unter anderem die Geschichte der Zwettler Lokalbahn auch selbst in einem Buch aufgearbeitet hat. Mit der Fertigstellung der heutigen Franz-Josefs-Bahn fand das Waldviertel Anschluss an das europäische Eisenbahnnetz, führt der dritte Abschnitt der heutigen Strecke ja von Sigmundsherberg bis nach Gmünd.

In diese Zeit reiht sich das größte Eisenbahnunglück des Waldviertels ein: Am 5. November 1875 starben bei einer Zugentgleisung vor Schwarzenau 17 Personen, weitere 80 wurden verletzt.

Wie aus der Thayatalbahn ein Radweg wurde

Jene Orte, die direkt an der Zugverbindung lagen, erlebten bald einen wirtschaftlichen Aufschwung, weshalb die Planungen für Nebenbahnen und Zubringerstrecken rasch aufgenommen wurden – viele davon verschwanden allerdings wieder in der Schublade. Am 4. August 1891 fand die heutige Bezirkshauptstadt Waidhofen an der Thaya Anschluss an die weite Welt. Bei der Eröffnung der Strecke von Schwarzenau nach Waidhofen an der Thaya war der Andrang laut Lokalchronik enorm. Die Strecke wurde 1903 bis nach Zlabings verlängert.

Nach dem Zweiten Weltkrieg wurde die grenzüberschreitende Verbindung jedoch unterbrochen und nie mehr reaktiviert. 1986 wurde der Verkehr auf der Thayatalbahn weiter eingeschränkt. Während der Güterverkehr noch bis Waldkirchen möglich war, hieß es für die Personenbeförderung Endstation in Waidhofen an der Thaya. Seit 2010 ist auch diese Strecke für den Personenverkehr Geschichte, auf der ehemaligen Bahntrasse zwischen der Bezirkshauptstadt und Slavonice (Zlabings) wurde der touristisch erfolgreich genutzte Radweg Thayarunde errichtet.

Aber auch andere Gebiete wurden an die Franz-Josefs-Bahn angeschlossen. Aufgrund der erfolgreichen Produktion von Textil- und Bandwaren und des florienden Handels, vor allem mit Böhmen, entstand 1895 von Göpfritz eine Abzweigung nach Groß-Siegharts, die man 1900 bis nach Raabs, ein beliebtes Sommerfrischeziel, verlängerte. Aber auch hier wurde, wie bei anderen Nebenbahnen, 1986 der Personenverkehr eingestellt, 2001 auch der noch verbliebene Güterverkehr.

Der immer stärker werdende Individualverkehr, sinkende Einnahmen und steigende Betriebskosten machten auf vielen Strecken eine Fortführung unmöglich. „Der Bahnverkehr ist sehr teuer", meint auch Anton. „Kostendeckend wird er nie sein. Dazu kommt das Problem, dass nur sehr wenige Orte an die Bahn angeschlossen und somit Bus-Zubringer notwendig sind. Die Leute wollen aber nicht mit zwei verschiedenen Verkehrsmitteln fahren."

Auch im Bezirk Zwettl ist das Bild ähnlich. Ab 1894 war die Verbindung von Schwarzenau nach Zwettl möglich, 1906 beschloss man die Verlängerung bis nach Martinsberg. Über die Pläne eines Weiterbaus bis zur Donau wurde lange verhandelt, eine Einigung kam aber nie zustande. Hier war für den Personenverkehr ebenfalls 1986 Schluss. Bis nach Waldhausen wird aber noch heute ein reger Güterverkehr abgewickelt, der Museums-Lokalbahnverein Zwettl punktet zusätzlich mit Nostalgiefahrten. „Das kann aber nie wirtschaftlich sein", so Thomas Wasinger, Obmann-Stellvertreter und selbst Lokführer. „Für uns wird es auch immer schwieriger, weil wir mit sehr vielen Sicherheitsmaßnahmen konfrontiert werden. Aber du kannst eine 100-jährige Dampflok nicht auf den Stand der heutigen Technik bringen."

Wo heute noch mit dem Zug gefahren wird

Neben der Franz-Josefs-Bahn, die um 1900 zweigleisig ausgebaut wurde (60 Jahre danach wurde das zweite Gleis zwischen Sigmundsherberg und Gmünd wieder abgetragen) und die das Waldviertel unter anderem mit Wien und Prag verbindet, haben weitere Bahnfans ihre Nischen gefunden: Die Kamptalbahn führt durch die Bezirke Krems und Horn, der Reblausexpress wird auf der Strecke Drosendorf bis Retz als Nostalgiebahn genutzt.

Eine Sonderstellung hat die Waldviertler Schmalspurbahn inne. Da Gmünd als Abzweigbahnhof nach Prag und Budweis diente, profitierte die Stadt stark von der Streckenführung der damalig neuen Franz-Josefs-Bahn. Schon im Juli 1900 führte eine zusätzliche Lokalbahn bis nach Heidenreichstein und Litschau. Zwei Jahre darauf schloss eine Lokalbahn auch Steinbach und Bad Großpertholz an Gmünd an, 1903 wurde diese Strecke bis nach Groß Gerungs verlängert. Eine detailliert ausgearbeitete Verlängerung der Litschauer-Strecke bis nach Neubistritz und Neuhaus fiel dem Ausbruch des Ersten Weltkrieges zum Opfer. Heute fährt die „Waldviertelbahn" vom 2014 neu errichteten Bahnhof in Gmünd regelmäßig nach Groß Gerungs sowie nach Litschau und Heidenreichstein. Sonderzüge (zu Weihnachten oder Silvester) runden das Erlebnis Dampflokfahrt ab.

Wie es mit der Eisenbahn weitergehen wird, darüber sind sich auch die Bahnfreunde Wasinger sen. und jun. sowie Anton nicht ganz einig. „Langfristig muss man etwas tun", so Karl Wasinger. „Wenn man als Ziel beschließt, klimaneutral sein zu wollen, wird das der Lkw nicht schaffen, dann kann er nur Zubringer sein." Ob es ein Comeback für den Personenverkehr geben kann? „Ich bin mir sicher, aber es läuft alles über die Beschleunigung der Franz-Josefs-Bahn, die Strecke Schwarzenau nach Wien muss in rund eineinviertel Stunden bewältigbar sein. Wenn dann noch der Preis stimmt, ist das eine tolle Möglichkeit", sagt Wasinger. Anton geht noch einen Schritt weiter: „Eigentlich bräuchten wir eine komplett neue Trassierung. Die jetzige ist großteils aus dem Jahr 1896 – wo gibt es eine Straße, die aus diesem Jahr noch existiert?"

Oben: Im Dezember 2010 wurde auch der Personenverkehr von Waidhofen an der Thaya nach Schwarzenau eingestellt.

Unten: Wer nach Aalfang möchte, steigt in Gmünd in die Waldviertler Schmalspurbahn Richtung Heidenreichstein ein. Weitere Bahnstrecken führen von der Bezirkshauptstadt nach Heidenreichstein und Groß Gerungs.

Nicht mehr benötigte Waggons wurden am Bahnhof in Waidhofen an der Thaya abgestellt.

Für Eisenbahnnostalgiker finden sich in Waidhofen an der Thaya noch zahlreiche Fotomotive.

Links: Viele Bahnhofsgebäude, wie in Waidhofen an der Thaya (links) und Sankt Martin (rechts), haben ihre Funktion verloren.

Rechts: 1906 wurde der Bahnbetrieb von Zwettl nach Martinsberg aufgenommen. Aufgrund mangelnder Auslastung wurde der Personenverkehr 1986 eingestellt, 2014 auch der Güterverkehr. Der Bahnhof Martinsberg-Gutenbrunn ist seitdem ohne Funktion.

Warteraum
WC

Links oben: Jahrzehntelang war der Bahnhof Ottenschlag Ausgangspunkt für Fahrten zur Schule und zur Arbeit. 2014 wurde der Bahnverkehr endgültig eingestellt, heute ist der Ortsname am Bahnhofsgebäude kaum noch lesbar.

Links unten: Im Jahr 2010 wurde der Personenverkehr zwischen Schwarzenau und Waldhausen eingestellt. Die Gleisanlagen werden heute noch für den Güterverkehr verwendet.

Rechts: Auch die ehemalige ÖBB-Werkshalle am Bahnhofsareal in Martinsberg hat längst ihre Funktion verloren.

Eine Region, in der die Grenzen kaum mehr sichtbar sind

„Eine schwere Geburt" seien der Auflösungsprozess der Habsburgermonarchie und die Ausrufung der Republik Deutschösterreich im November 1918 gewesen, schreibt Karl Vocelka. Der junge Staat sei auch mit anderen großen Problemen konfrontiert gewesen, etwa mit einer erbärmlichen wirtschaftlichen Situation, und die Grenzen der Republik wurden im September 1919 im Vertrag von Saint-Germain „festgelegt: nicht verhandelt, sondern diktiert". Der Anspruch auf die deutschböhmischen Gebiete, die südliche Steiermark und auf das deutschsprachige Südtirol gingen damit verloren. Für das Waldviertel bedeutete dies die Abtretung von 13 Gemeinden nahe Gmünd, den Verlust des Bahnhofs der Stadt sowie der Vororte. Die Bezirksstadt Gmünd blieb bei Österreich.

1938 verschwand Österreich von der Landkarte Europas, ein Jahr später gab es auch die Tschechoslowakei nicht mehr. 1945 waren die Naziherrschaft und der Zweite Weltkrieg zu Ende, es kam zur Erneuerung der österreichischen und tschechoslowakischen Staatlichkeit in den 1919 festgelegten Grenzen. Die Siedlungspolitik der tschechoslowakischen Regierung unter Präsident Edvard Beneš hatte das Ziel, „das Land ‚deutschenfrei' zu machen. Die ‚nationale Frage' wurde durch die Vertreibung und Zwangsaussiedelung ‚gelöst'", so Niklas Perzi, David Kovařík und Sandra Kreisslová.

Im Mai und Juni 1945 wurden mehr als 150.000 Deutsche aus Südmähren und Südböhmen „über die Grenze nach Nieder- und Oberösterreich getrieben. Innerhalb von nur drei Tagen wurden so etwa aus dem Bezirk Neuhaus 12.000 Menschen unter oft brutalsten Umständen ausgesiedelt." Nach 1948, nach der Machtübernahme der Kommunisten in der Tschechoslowakei und in der Zeit des „Kalten Krieges", wurde die Staatsgrenze zwischen der ČSR und Österreich hermetisch abgeriegelt. Die Flucht der Bürger und illegale Grenzübertritte sollten so verhindert werden. Mit der Errichtung des „Eisernen Vorhangs" wurde Anfang der 1950er-Jahre begonnen, er sollte 40 Jahre lang Europa teilen.

„Er bildete eine nahezu unüberwindbare Barriere und Grenze zwischen dem westlichen und dem sowjetischen Block: politisch, militärisch, wirtschaftlich, geistig, gesellschaftlich und mental. In Jahrhunderten zusammengewachsene Gebiete wurden zerschnitten, Familien und Menschen voneinander getrennt", so Stefan Karner.

Der 453 Kilometer lange „Eiserne Vorhang“ an der Grenze von der Tschechoslowakei zu Österreich war für die Menschen, die in den Westen wollten, eine unüberwindbare Barriere. „Zu viele schafften sie nicht, traten auf Minen, die sie zerfetzten, von Hunden der Grenzwache, die man auf sie gehetzt hatte, zerfleischt, meistens jedoch gestellt und verhaftet, noch bevor sie die Todeszone des Grenzstreifens überquert oder die Grenze überhaupt erreicht hatten“ (Karner). 129 Menschen wurden bei Fluchtversuchen aus der ČSSR getötet. Aber auch Hunderte Soldaten des Grenzschutzes starben durch Unfälle in den eigenen Sperranlagen oder durch Suizid.

Der „Eiserne Vorhang“ war immer präsent, über die Jahrzehnte hinweg hatte man gelernt, mit ihm zu leben. Erst eineinhalb Jahrzehnte nach der brutalen Niederschlagung des „Prager Frühlings“ im August 1968 durch Truppen des Warschauer Pakts kam erstmals bei der Bevölkerung der Tschechoslowakei wieder Hoffnung auf. Michail Gorbatschows Reformprogramm „Glasnost“ und „Perestroika“ („Offenheit“ und „Umbau“) für die Sowjetunion und die Länder östlich des „Eisernen Vorhangs“ löste 1989 eine Reihe von Umstürzen und Revolutionen in den Staaten des Ostblocks aus.

Am 4. Dezember 1989 wurde der Visumzwang für tschechoslowakische Staatsbürger für Reisen nach Österreich aufgehoben. „Wir waren ein wenig überrascht vom fehlenden Ansturm“, zitierte damals die Parteizeitung „Rudé Pravo“ ČSSR-Grenzpolizisten: 159 Personen reisten über České Velenice/Gmünd nach Österreich, 15 Personen in fünf Pkws benützten den Grenzübergang Nová Bystřice/Grametten. Das Wochenende darauf übertraf aber alle Prognosen: „Laut Agenturmeldungen überschritten alleine am Samstag, dem 9. Dezember 1989, Hunderttausende Menschen die Grenze. Viele Autobusse fuhren nach Wien, doch auch in den grenznahen Städten herrschte großer Andrang, Gmünd sollen an die 20.000 ČSSR-Bürger besucht haben“ (Perzi/Kovařík/Kreisslová). Zum Vergleich: 1988 überquerten etwa 15 Personen pro Tag die Staatsgrenze bei Gmünd.

Das Jahr 1989 brachte für Österreich eine völlig neue Situation. „Der Staat am einstigen Eisernen Vorhang wurde nun zu einer Drehscheibe des neuen Europa mit all den damit verbundenen Chancen und Gefahren, die diese Veränderung mit sich brachte" (Vocelka). Zahlreiche Kontakte zwischen Österreich und der Tschechischen und Slowakischen Föderativen Republik (ČSFR) wurden nach 1989 geknüpft, Städte- und Schulpartnerschaften geschlossen, Kooperationen im Kultur- und Sportbereich vereinbart, bereits im Dezember 1989 war mit dem Abbau des „Eisernen Vorhanges" begonnen worden. „1989 war zweifellos eines der wichtigsten Jahre in der Geschichte von Gmünd", sagt Harald Winkler, Historiker und zuständig für die Öffentlichkeitsarbeit der Stadtgemeinde. Das Bild vom Nachbarland habe sich seit damals geändert, und heute gebe es zwischen den Verwaltungen von Gmünd und České Velenice zahlreiche und regelmäßige Kontakte. Die Zeiten sind vorbei, dass Gmünd eine Stadt an einer toten Grenze und ohne Hinterland war.

Neue Grenzübergänge entstanden, im März 1990 gab es zwischen Niederösterreich und dem nördlichen Nachbarland zwölf Grenzübergänge, „womit der Stand von 1938 wieder erreicht worden ist", wie es in einer APA-Meldung hieß, vier weitere Grenzübergänge wurden bis zum Frühjahr 1991 angekündigt. In einer Aussendung des Landes Niederösterreich wurde im November 1991 informiert, das sich das Verkehrsaufkommen auf den niederösterreichischen Straßen von und in die ČSFR seit der Grenzöffnung verachtfacht habe: „Die neugewonnene Freiheit unserer nördlichen Nachbarn und die Möglichkeit für die Österreicher, in das bisher so schwer erreichbare Hinterland zu fahren, hat vor allem zu einem sprunghaften Anwachsen des Individualverkehrs geführt. Auf der Straße gibt es heuer rund 46 Millionen Menschen, die in die ČSFR ein- oder ausreisen. Vor der Grenzöffnung waren es wenig mehr als 5 Millionen, die Beförderung dieser Menschenflut erfolgte vor allem mittels Pkw: Mehr als 10 Millionen Autos, aber auch 100.000 Busse brachten ČSFR-Bürger nach Österreich beziehungsweise Österreicher zum nördlichen Nachbar."

Die ČSFR wurde am 1. Jänner 1993 einvernehmlich aufgelöst, die beiden Nachfolgestaaten heißen Tschechische Republik und Slowakische Republik. Beide Länder sind seit 2004 Mitglieder der Europäischen Union. Im selben Jahr wurde auch die Österreichische Zollwache aufgelöst, denn was hätte es an der Staatsgrenze noch zu kontrollieren gegeben?

Oben: Der Grenzübergang Neu-Nagelberg war vor allem für den internationalen Schwerlastverkehr von Bedeutung.

Unten: Bis 21. Dezember 2007 gehörten in Gmünd Passkontrollen zum Alltag. Als die Tschechische Republik Mitglied des Schengen-Abkommens wurde, konnte auch diese Grenze problemlos passiert werden.

Ö

A244.

Links oben: Wer bei Fratres über die Grenze Richtung Slavonice/Zlabings fährt, stellt sich manchmal die Frage, welche Funktion diese Gebäude einmal hatten.

Links unten: Mit Grenzsteinen wurde seit Jahrhunderten der genaue Grenzverlauf zwischen Österreich und Böhmen markiert. Auch heute sieht man auf tschechischer Seite noch Reste und Bunkeranlagen aus der Zeit vor 1938.

Rechts oben: An vielen Grenzübergängen finden sich noch heute Häuser, die von den Beamten der Zollwache genutzt wurden.

Rechts unten: Nachdem bei der Ein- und Ausreise in das jeweilige Nachbarland kein Stopp vonnöten ist, ist auch die Infrastruktur rund um die Grenzübergänge, wie zum Beispiel Geldwechselstuben und Gasthäuser, obsolet geworden.

Nächste Seite: An der Grenze zwischen Fratres und Slavonice/Zlabings lädt ein 2009 initiiertes Kunstprojekt von Iris Andraschek und Hubert Lobnig zum Nachdenken ein.

Wohin verschwinden die Grenzen

Danksagung

Die Herausgeber möchten sich bei den folgenden Personen bedanken – für die zahlreichen Hinweise, Literatur, Anekdoten, Statistiken, Gespräche, Aufsperrdienste, technische Unterstützung und vieles mehr: Thomas Anton, Lilo Auer, Gertraud und Dieter Bogner, Christian Buchar, Ossi Denkmayr, Astrid und Christoph Döller, Franz Drach, FlorianSimon, Gerhard Geisberger, Gerald Grafeneder, Roland Grünwald, Susanna Haslinger, Mario Hueber, Martina Kainz, Karin Kastner, Angelika Kaufmann, Edith Köhler, Bernhard Lehr, Andreas Linke, Tak-Yee Margreiter, Werner Neuwirth, Reinhard Pölzl, Erwin Pöppl, Heinrich Rabl, Franz Rauchenberger, Franz Resperger, Robert Rohrmüller, Harald Schlager, Doris Schreiber, Nina Sillipp, Hannes Steindl, Maria Treml, Helmut Vogl, Ursula Vogl-Köhler, Karl Wasinger, Thomas Wasinger, Harald Winkler, Johann Zeisler.

Ortsverzeichnis

Bezirk Gmünd

Bezirk Horn

Die kursiven Seitenzahlen beziehen sich auf eine Nennung im Text, die anderen auf Fotos.

Literaturhinweise und -empfehlungen

Amt der Niederösterreichischen Landesregierung/Abteilung Kunst und Kultur (Hg.), Niederösterreich. Eine Spurensuche. Red.: Ernst Bruckmüller, Martin Haidinger u. a. Wien 2017.

Amt der Niederösterreichischen Landesregierung/Abteilung Kunst und Kultur (Hg.), Niederösterreich. 50 Spuren durch das Land. Red.: Nadia Rapp-Wimberger und Reinhard Linke. Wien 2019.

Bundesdenkmalamt (Hg.), Niederösterreich nördlich der Donau. Dehio-Handbuch der Kunstdenkmäler Österreichs. Wien 1990.

Manfred Dippelreiter (Hg.), Niederösterreich. Land im Herzen – Land an der Grenze. Wien–Köln–Weimar 2000.

Stefan Eminger/Ernst Langthaler (Hg.), Niederösterreich im 20. Jahrhundert. Band 1: Politik, Band 2: Wirtschaft, Band 3: Kultur. Wien–Köln–Weimar 2008.

Stefan Eminger/Elisabeth Loinig/Willibald Rosner (Hg.), Ein Land im Zeitraffer. Niederösterreich seit 1848. Weitra 2013.

Andrea Komlosy, Waldviertler Textilstraße. Reiseführer durch Geschichte und Gegenwart einer Region. Wien 1994.

Philipp Mauthe/Gerhard Trumler, Niederösterreich. Porträt einer Industrielandschaft. St. Pölten–Wien 1986.

Othmar Pruckner, Das Kamptal. Geschichte, Kultur, Natur, Ausflüge, Wanderungen und angenehme Plätze von der Quelle bis zur Mündung. Wien 1999.

Othmar Pruckner, Das Waldviertel. Kultur, Natur, Ausflüge, Wanderungen, Radtouren und kulinarische Ziele vom Nordwald bis zum Weinland. Wien 2009.

Thomas Sautner, Waldviertel steinweich. Ein literarischer Reise- und Heimatbegleiter. Wien 2013.

Gerhard A. Stadler, Das industrielle Erbe Niederösterreichs. Geschichte – Technik – Architektur. Wien–Köln–Weimar 2006.

Manfred Wagner (Hg.), Niederösterreich. Eine Kulturgeschichte von 1861 bis heute. Band 1: Niederösterreich. Menschen und Gegenden, Band 2: Niederösterreich und seine Künste, Band 3: Niederösterreich und seine Kulturen. Wien–Köln–Weimar 2004 bis 2006.

Amt der Niederösterreichischen Landesregierung (Hg.), Theater und Kinos. Historische Spielstätten. Denkmalpflege in Niederösterreich, Band 52. St. Pölten 2015.

Walter Fritz, Kino in Österreich. Der Stummfilm 1986–1930. Wien 1981.

Walter Fritz, Kino in Österreich. Der Tonfilm 1929–1945. Wien 1991.

Institut für Höhere Studien Wien, Ökonomische Bedeutung der Kinobranche in Österreich, Projektbericht. Wien 2017.

Erwin Pöppl, Waidhofen an der Thaya. Pur. Waidhofen an der Thaya 2018.

Erwin Pöppl/Karl Knoll-Willvonseder, Das ist Kino! In: Stadtnachrichten der Stadtgemeinde Waidhofen an der Thaya 2018.

Karl Zellhofer/Martin Zellhofer, Verschwundene Kinos im Weinviertel. Schleinbach 2019.

Thayatal.TV: 100 Jahre Kino Gmünd. Juli 2018 (www.waldviertelakademie.at).

Felix Butschek, Vom Staatsvertrag zur EU. Österreichische Wirtschaftsgeschichte von 1955 bis zur Gegenwart. Wien–Köln–Weimar 2004.

Peter Eigner/Andrea Helige (Hg.), Österreichische Wirtschafts- und Sozialgeschichte im 19. und 20. Jahrhundert. Wien 1999.
Peter Melichar/Ernst Langthaler/Stefan Eminger (Hg.), Niederösterreich im 20. Jahrhundert. Band 2: Wirtschaft. Wien–Köln–Weimar 2008.
Hans Seidel, Österreichs Wirtschaft und Wirtschaftspolitik nach dem Zweiten Weltkrieg. Wien 2005.
Reinhard Sieder (Hg.), Österreich 1945–1995. Gesellschaft, Politik, Kultur. Wien 1995.
Manfred Wagner (Hg.), Niederösterreich. Eine Kulturgeschichte von 1861 bis heute. Band 1: Niederösterreich. Menschen und Gegenden. Wien–Köln–Weimar 2004.

Rudi Palla, Verschwundene Berufe. Das Buch der untergegangenen Berufe. Wien 2014.
Gerhard Trumler, Alte Mühlen in Österreich, Großwolfgers 2014.
Friedrich Weber, Mühlen am Kamp. Gföhl 2019.
Walter Zettl/Arnulf Neuwirth, In einem kühlen Grunde. Alte Mühlen im Waldviertel. Kautzen 1992.

Manfred Dacho/Franz Drach, Gmünd. Randbedingungen. Weitra–Linz 1991.
Helmuth Feigl/Willibald Rosner (Hg.), Versuche und Ansätze zur Industrialisierung des Waldviertels. Wien 1990.
Herbert Knittler (Hg.), Wirtschaftsgeschichte des Waldviertels. Waidhofen an der Thaya 2006.
Andrea Komlosy (Hg.), Spinnen – Spulen – Weben. Leben und Arbeiten im Waldviertel und anderen ländlichen Textilregionen. Krems–Horn 1991.
Andrea Komlosy, Waldviertler Textilstraße. Reiseführer durch Geschichte und Gegenwart einer Region. Wien 1994.
Roman Sandgruber, Ökonomie und Politik. Österreichs Wirtschaftsgeschichte vom Mittelalter bis zur Gegenwart. Wien 1995.
Harald Winkler, Land und Glas. Leben und Arbeiten im Oberen Waldviertel. 350 Jahre Brand-Nagelberg. Weitra 2016.

Kurt Bauer, Bauernleben. Vom alten Leben auf dem Land. Wien–Köln–Weimar 2015.
Ernst Bruckmüller/Ernst Hanisch/Roman Sandgruber (Hg.), Geschichte der österreichischen Land- und Forstwirtschaft im 20. Jahrhundert. Regionen – Betriebe – Menschen. Wien 2003.
Andrea Komlosy, An den Rand gedrängt. Wirtschafts- und Sozialgeschichte des oberen Waldviertels. Wien 1988.
Franz Krestan, Verlassene Heimat. Leere Häuser voller Geschichten. Weitra 2018.
Franz Ledermüller (Hg.), Geschichte der österreichischen Land- und Forstwirtschaft im 20. Jahrhundert. Politik – Gesellschaft – Wirtschaft. Wien 2002.

Bundesministerium für Landesverteidigung und Sport (Hg.), 60 Jahre Truppenübungsplatz Allentsteig. Wien 2017.
Johannes Müllner, Die entweihte Heimat. Die Sakralbauten auf dem Gebiet des Truppenübungsplatzes Döllersheim einst und jetzt sowie die Zahl der Vertriebenen aus ihren Häusern und Dörfern. Roggendorf 1984.
Friedrich Polleroß (Hg.), 1938. Davor – Danach. Beiträge zur Zeitgeschichte des Waldviertels. Horn 1988.
Willibald Rosner (Hg.), Der Truppenübungsplatz Allentsteig. Region, Entstehung, Nutzung und Auswirkungen. Wien 1991.

Margot Schindler, Wegmüssen. Die Entsiedlung des Raumes Döllersheim (Niederösterreich) 1938–1942. Volkskundliche Aspekte. Wien 1988.
Ernst Werner Techow, Die alte Heimat. Beschreibung des Waldviertels um Döllersheim. Berlin 1942, Nachdruck Horn 1981.
Marktgemeinde Pölla/Verein „Freunde der alten Heimat" (https://www.poella.at/Friedenskirche_Doellersheim).

Angelika Zedka, 140 Jahre. 1869–2009. Niederösterreichischer Landesfeuerwehrverband. Tulln 2009.
Hans Schneider, Die Entstehung der Bezirksfeuerwehrverbände und das Grundgesetz des Niederösterreichischen Landesfeuerwehrverbandes von 1876. Tulln 1993.

Thomas Anton, Die Zwettler Lokalbahn. Erfurt 2011.
Heimatmuseum der Stadt Waidhofen/Thaya, 100 Jahre Lokalbahn Schwarzenau–Waidhofen an der Thaya. Schriftenreihe des Waidhofner Heimatmuseums. Waidhofen an der Thaya 1991.
Paul Gregor Liebhart/Johannes Schendl, Die Waldviertelbahn. Eine nostalgische Reise mit der Schmalspurbahn. Erfurt 2017.
Werner Schiendl, Die Waldviertler Schmalspurbahn. Wien 2010.
Peter Wegenstein, Schmalspurbahnen im Waldviertel. Bahn im Bild, Band 52. Wien 1986.
Peter Wegenstein, Wege aus Eisen im Waldviertel. Schleinbach 2014.
Alfred Wolf, Die Franz-Josefs-Bahn und ihre Nebenlinien. Erfurt 2006.

Christoph H. Benedikter/Albert Kubišta, Die Dimensionen von Grenze und Raum. Österreichisch-tschechische Grenzen im Wandel der Zeit. In: Stefan Karner/Michal Stehlík (Hg.), Österreich. Tschechien. geteilt – getrennt – vereint. Katalog der Niederösterreichischen Landesausstellung 2009. Schallaburg 2009, 278–287.
Stefan Karner, Halt! Tragödien am Eisernen Vorhang. Die Verschlussakten. Salzburg 2013.
Armin Laussegger/Reinhard Linke/Niklas Perzi (Hg.), Österreich. Tschechien. Unser 20. Jahrhundert. Begleitband zum wissenschaftlichen Rahmenprogramm der Niederösterreichischen Landesausstellung 2009. Wien–Berlin 2009.
Daniel Lohninger/Christina Oberforster, Gmünd und seine Grenze. Versuch einer Grenzgeschichte. In: Daniel Lohninger (Hg.), Gmünd. Chronik einer Stadt. Weitra 2008, 371–425.
Peter Mähner, Niederösterreich und seine Grenzen. In: Stefan Eminger/Ernst Langthaler (Hg.), Niederösterreich im 20. Jahrhundert. Band 1. Politik. Wien–Köln–Weimar 2008, 1–41.
Niklas Perzi/Hanns Haas (Hg.), So nah – so fern. Menschen im Waldviertel und in Südböhmen 1945–1989. Weitra 2012.
Niklas Perzi/David Kovařík/Sandra Kreisslová, Leben an der Grenze – Leben mit der Grenze II. In: Niklas Perzi/Hildegard Schmoller/Ota Konrád/Václav Šmidrkal (Hg.), Nachbarn. Ein Österreichisch-tschechisches Geschichtsbuch. Weitra 2019, 327–353.
Karl Vocelka, Österreichische Geschichte. Wien 2005.
Mit Verlust ist zu rechnen. Regie: Ulrich Seidl, Kamera: Peter Zeitlinger, Schnitt: Christof Schertenleib. Produktion: LOTUS Film. 1992, 118 min.